La Vie extraordinaire des gens ordinaires

87, quai Panhard et Levassor – 75647 Paris Cedex 13
ISBN : 978-2-0812-2982-2

FABRICE COLIN

La Vie extraordinaire des gens ordinaires

Flammarion

Il serait peut-être temps de le reconnaître : ce livre n'aurait jamais vu le jour sans l'enthousiasme et la confiance d'Hélène Wadowski, une éditrice qui n'a pas froid aux yeux. Marie T. et Laurence B., avec lesquelles j'ai eu le plaisir de travailler, peuvent et doivent être louées pour leur disponibilité, leur patience et leur soutien sans faille. L'extraordinaire armada de mes correcteurs pas ordinaires (l'incroyablement compétente Muriel Zürcher, le fantastiquement présent g@rp, le terriblement essentiel Benjamin Hanneton, l'exceptionnellement cool Brice Leclert et la superbement enthousiaste Celine Jarnot) méritent également une haie d'honneur, un verre de Montrachet 1978 et/ou une pluie de pétales de rose première classe. Même punition pour David C., sans qui personne, personne, personne n'habiterait les nuages. Super-Martin, Marjorie, Thaïs, Claire T. et les clubs lecture du collège de la Côte Roannaise à Renaison, sous la houlette de Christelle Layes, savent pour leur part ce qu'une certaine nouvelle leur doit : ma gratitude leur est définitivement acquise. Katia Colin, enfin, a supporté mes jérémiades narcissiques avec son flegme habituel (oh, et c'est elle qui m'a dit que ce titre était le bon) : je l'épouserais bien si ce n'était déjà fait.

Ce livre est pour Alice et Nathan, bien sûr,

et pour Pierre Bottero,
et pour Brune, et Camille,
avec le soupçon de tristesse étrangement joyeuse
qui sied à la vie en général
et à ce genre de circonstances en particulier.

Avant-propos

Depuis huit mois, passionnément, je me tenais à son chevet. Poète : ainsi l'avais-je baptisé, sentant, dès le premier regard, que rien, jamais, ne lui conviendrait mieux.

D'autres, peut-être, l'auraient affublé de qualificatifs plus clinquants, ou plus spectaculaires. Voyageur. Raconteur. Illuminé. La vérité, c'est qu'aucun mot ne lui aurait rendu plus honnête justice que celui-ci.

Aucun n'aurait su révéler mieux la trouble beauté de sa quête.

J'avais poussé un jour la porte de l'hôpital en me disant que le moment était venu de faire quelque chose pour mon prochain. J'étais entré en contact avec une association d'aide aux malades. J'avais signé des papiers, répondu à des questions, rempli un formulaire. Pour finir on m'avait conduit au salon. « Nous allons procéder à un essai, m'avait expliqué la responsable. Nous avons ici une personne qui, je pense, devrait vous convenir. »

Cette personne, c'était le poète.

La responsable a procédé aux présentations puis nous a laissés faire connaissance. Ce jour-là, nous avons discuté jusqu'à l'heure limite des visites, et même un peu après. Je crois bien que nous sommes devenus amis sans délai : un courant passait entre nous, une qualité paisible et mystérieuse qui emplissait jusqu'aux silences. Je lui ai avoué que j'étais écrivain. Il a hoché la tête. Il ne paraissait ni surpris ni le moins du monde impressionné.

Avant que je parte, il a insisté pour que nous nous serrions la main. Dans ses yeux brillait une promesse. Nous étions liés.

Je ne lui rendais visite qu'une fois par semaine. La responsable de l'association m'avait mis en garde : « Ne le fatiguez pas trop. Ne discutez pas trop du monde extérieur. Il vit sur un équilibre précaire. Vous savez ce qu'il risque. »

Je le savais, oui. Et je faisais attention. Autant que possible, j'évitais de parler de moi ou de ce fameux monde extérieur. Ce n'était pas que ces sujets étaient proscrits ; disons qu'il y avait des limites à ne pas franchir.

Nos conversations tournaient principalement autour de la vie à l'hôpital, des revues qu'il dévorait (tous ces magazines sur la décoration, la santé par les plantes, traînant sans but au salon) de peur d'avoir à réfléchir au reste, des essais consacrés au bonheur et des traités philosophiques que d'autres bénévoles lui apportaient sur des chariots et qu'il feignait de compulser pour leur faire plaisir.

Le poète était un homme très doux. Ni frère ni sœur, pas même un vague cousin, aucun ami connu. Il ne devait pas avoir plus de quarante ans. D'après ses propres dires, sa vie antérieure avait été riche en voyages. Il avait travaillé d'abord comme professeur dans un collège de banlieue, puis son père était mort, et il avait connu une période de dépression assez sérieuse qui l'avait conduit tout droit en institution spécialisée. À sa sortie, il avait démissionné de l'Éducation nationale, et il avait commencé à préparer ce qu'il appelait son « tour du monde ».

Je ne disposais guère de détails supplémentaires. Son père lui avait laissé une rondelette somme d'argent, suffisante pour lui permettre de ne pas travailler pendant plusieurs années.

Prétendre que je n'aurais pas souhaité en apprendre plus serait mentir. Les voyages du poète m'obsédaient : pourquoi il était parti, ce qu'il avait découvert, comment son périple s'était achevé. Chaque fois que le sujet s'invitait dans nos échanges, cependant, il l'esquivait, me certifiant que je comprendrais « plus tard ». Peu à peu, j'ai abandonné l'espoir de le faire parler là-dessus. Ça, bien sûr, c'était avant qu'il ne me remette cette fameuse enveloppe. Avant que je ne prenne connaissance des deux secrets qu'il m'avait cachés jusqu'alors.

Premier secret : le poète avait écrit un livre.

Second secret : sa condition était incurable ; il était condamné à brève échéance.

Comme de juste, j'ai appris tout cela le même jour. Je me souviens très bien de ce matin. Nous étions sortis dans le jardin de l'hôpital. C'était l'une de ces journées de septembre oubliées par l'été ; un couple de merles batifolait sur la pelouse. Assis sur son banc préféré, le poète avait posé une enveloppe sur ses genoux. Il me l'a tendue et m'a fait signe de m'asseoir.

L'enveloppe, en simple papier kraft, contenait une épaisse liasse de feuilles couvertes d'une écriture serrée. « Ne posez pas de questions, m'a conseillé le poète tandis que je parcourais rapidement la première page. Coucher des mots sur le papier, je ne vous apprends rien, c'est les condamner au sommeil, voire à la mort. Si je pouvais revenir en arrière, il me semble que j'y réfléchirais à deux fois. Mais le mal est fait, non ? Et je ne suis pas sûr, quoi qu'on en dise, qu'il existe une autre manière de procéder. »

Je ne comprenais pas où il voulait en venir. J'ai remis les feuilles dans leur enveloppe. « Que suis-je censé faire ? »

Une brise s'était levée. Il a souri. « Lisez. Lisez, de la première à la dernière page. Si ça vous plaît, débrouillez-vous pour en faire un livre. Pas sous mon nom. Sous le vôtre. Ou sous n'importe quel autre. À vrai dire, ça m'est égal. »

Prenant appui sur l'accoudoir, il a saisi sa canne et s'est éloigné en claudiquant. La canne était un accessoire nouveau pour lui, mais on aurait juré qu'elle avait toujours fait partie de son personnage. Je me suis retenu de lui courir après. La responsable de l'association m'avait parlé, dans les couloirs. Elle avait fini, outrepassant son rôle, par m'éclaircir sur la pathologie du poète, son caractère inéluctable. Quand je lui avais demandé de quelle façon je pouvais l'aider, sa réponse avait été claire : « Ne changez rien. »

Une fois encore, j'ai regardé l'enveloppe. Lire ce texte était bien le moins que je pouvais faire pour mon ami. Le reste, on verrait plus tard.

Je suis rentré chez moi.

Les persiennes étaient baissées. J'ai entrouvert les fenêtres pour laisser passer le vent et j'ai mis un disque de Chopin. Mon canapé m'attendait. Un canapé avec un chat dessus, et une tasse de thé à portée de main. Lire est une occupation importante, réclamant un rituel spécifique.

Avec solennité, j'ai tiré le texte de son enveloppe. Le début ressemblait à une lettre d'introduction.

Sur une page entière s'étalait ensuite un titre en gros caractères : *La Vie extraordinaire des gens ordinaires*. Il y avait des instructions de lecture.

La suite évoquait un recueil de nouvelles. En réalité, et j'allais vite m'en rendre compte, c'était bien plus que ça.

À présent, je vais laisser la place au poète. Le texte que vous vous apprêtez à lire est la retranscription exacte, à quelques corrections près, de celui que j'ai eu entre les mains. Quant au nom, faute de mieux, j'ai décidé de laisser le mien.

Je n'en suis pas particulièrement fier mais c'est ce qui permet, je crois, à cet ouvrage d'exister.

Une dernière chose. *Apparemment* (j'écris ce mot en italique car, en définitive, je n'en suis pas certain à cent pour cent), les histoires qui suivent sont des histoires vraies. Il y a fort à parier que personne ne les aurait connues si mon ami ne me les avait pas offertes.

Le poète entendait montrer aux gens que la vie vaut la peine d'être vécue. C'était un rêveur, un idéaliste. Les rêveurs et les idéalistes finissent leurs jours dans la solitude et l'affliction : c'est là une triste vérité. Leurs histoires, néanmoins, leur survivent et sont libres.

Tout comme, naturellement, vous êtes libre d'y croire.

L.V.E.D.G.O.

— Un préambule —

Certaines personnes vivent pour l'argent. D'autres pour la gloire, ou le pouvoir, et la plupart pour rien en particulier. Une poignée d'individus, paraît-il, placent l'amour au-dessus de tout le reste : un pari très beau et très risqué, si vous voulez mon avis.

Moi, depuis ma plus tendre enfance, je ne vivais que pour les histoires. Je n'en avais jamais assez.

Je menaçais ma grand-mère. Je suppliais mes parents. Je harcelais leurs amis. « Racontez-moi. Racontez-moi ! »

Comme j'étais persuasif et plutôt bon public, la majorité des grandes personnes s'efforçaient de me satisfaire. « Tu vois cette forêt, là-bas ?

— Oui.

— Eh bien, il y a des tigres dedans.

— Vrai de vrai ?

— Pourquoi te mentirais-je ? »

J'étais avide et curieux, mais pas complètement idiot. Avant peu, j'ai découvert qu'on me menait en bateau. J'avais quatre ans : le monde s'est écroulé.

Dans l'espoir de détourner mon attention, mes parents m'ont appris à lire. L'affaire a été réglée en quelques semaines. Le jour de mon entrée à l'école, on m'a inscrit à la bibliothèque municipale. J'ai eu l'impression d'entrer au Pays des Merveilles.

Très vite, la bibliothèque est devenue ma seconde maison. Je passais là-bas l'essentiel de mon temps : assis dans un coin, une pile de livres au bas de ma chaise. Je connaissais de mémoire le nom de tous les employés et la liste intégrale des codes de classement.

J'étais devenu bibliovore. Le tigre de la forêt ? C'était moi. Les rayons de la bibliothèque abritaient plus de quatre mille romans. Il fallait que je les dévore tous.

Les romans propagent des histoires inventées. Je le savais, et ça ne me posait plus de problèmes particuliers. J'avais, provisoirement, tiré un trait sur la réalité.

J'ai lu les quatre mille romans, et bien d'autres encore.

Je lisais aux toilettes.

Je lisais dans mon lit.

Je lisais en marchant, en mangeant, en essayant de suivre les cours. Le seul moment où je m'arrêtais vraiment, c'était quand je dormais. Mais mon cerveau, alors, inventait de nouvelles histoires.

Comme il me fallait vivre, je suis devenu professeur. J'essayais de donner aux enfants le goût de la lecture. De leur transmettre ce virus salvateur.

En règle générale, ça ne marchait pas très bien. J'étais triste, mais que pouvais-je y faire ? De retour dans mon petit appartement, j'écrivais sans relâche. Romancier, voilà ce que je voulais devenir. Fabricant d'histoires. Marchand de rêves.

Un premier roman a été achevé, puis un deuxième, mais je ne les jugeais pas suffisamment aboutis pour les envoyer à un éditeur. Quelque chose leur manquait ; je ne savais pas quoi, et cela me rendait fou.

Un jour, ma mère est morte. Mon père l'a suivie quelques mois plus tard. Le fragile édifice que j'étais parvenu à préserver s'est effondré d'un bloc. Une chape de tristesse s'est abattue sur mes épaules. Une nuit, on m'a retrouvé déambulant dans la rue, hagard et sanglotant, vêtu d'un pyjama fantaisie. Je n'avais pas la moindre idée de ce que je faisais là. J'ai été interné.

C'est alors que je me suis mis à réfléchir.

Les histoires de mes parents s'en étaient allées avec eux pour toujours. Pas seulement les histoires qu'ils m'avaient racontées : celles qu'ils avaient été.

J'ai réfléchi encore, à m'en cogner la tête contre les murs. Il m'a fallu du temps pour comprendre ce qui clochait chez moi, un temps considérable, mais, le jour où c'est arrivé, tout est devenu parfaitement limpide. À l'exception des quatre premières années, j'avais passé ma vie dans un univers imaginaire. Pensant pouvoir me passer du reste, je ne m'étais nourri que d'histoires inventées. En bref, j'avais poursuivi des fantômes et épousé des chimères.

Je m'étais fourvoyé.

Un matin, je me suis levé et j'ai ouvert la fenêtre de ma chambre.

Il pleuvait à torrents : quelqu'un, là-haut, avait pris la décision de tout remettre à neuf. « Rien ne vaut la réalité » : c'est la phrase que je me suis murmurée à moi-même. Les histoires inventées nous réconfortent et nous séduisent parce qu'en exhibant sans cesse leur géniale fausseté, elles nous rappellent à voix très basse que l'endroit le plus prodigieux qui soit est celui où nous vivons. Nos existences ne valent-elles pas tous les romans du monde ? Je pensais à Dieu comme à un écrivain paresseux, incapable de relire ses textes.

J'ai refermé ma fenêtre. Plus question de m'attarder ici. J'étais guéri : je savais ce que je désirais.

Rien ne valait la réalité, non. La magie du concret, la merveilleuse magie des personnes vraies. Je devais me mettre au travail. Acheter des calepins et des stylos. Le monde était empli d'histoires authentiques, passionnantes, irréelles. Il fallait que quelqu'un les cherche et les trouve. Je pouvais être ce quelqu'un. Je pouvais partir à la rencontre des gens et écouter ce qu'ils avaient à dire.

J'ai commencé à élaborer un plan. À évaluer les frais. Sous réserve de ne pas me lancer dans des dépenses extravagantes, je possédais un budget suffisant pour faire le tour du monde pendant deux ou trois ans. Je me suis rassis à mon bureau. Des mois durant, j'ai épluché des milliers de journaux et de sites Internet. Quand une histoire me plaisait, je la résumais en quelques lignes et j'essayais de trouver où elle avait eu lieu, et quels étaient les témoins les mieux placés pour m'en faire le récit.

J'ai passé des appels téléphoniques. J'ai envoyé des lettres, des fax, des brassées d'e-mails, j'ai rempli des fiches, établi des classements, fixé des rendez-vous. J'ai essuyé des dizaines de refus, mais bien plus de « oui » francs, également, que je ne pouvais en accueillir. Les choix allaient être drastiques.

Quand j'ai eu terminé, il me restait vingt adresses : vingt lieux éparpillés aux quatre coins du monde, et vingt histoires toutes plus incroyables les unes que les autres.

C'est le jour où j'ai failli prendre mon premier billet d'avion que le titre de ce livre m'est venu : La Vie extraordinaire des gens ordinaires.

Dans un café jouxtant mon agence de voyages, un homme avait entrepris de me raconter ce qui lui était arrivé trois ans auparavant au-dessus de l'Australie, et son récit promettait d'être si simple, si fabuleux et si vrai que la question de l'inclure dans mon recueil ne s'est pas posé une seule seconde. Ma vingt et unième histoire ! L'aventure était lancée.

La Vie extraordinaire des gens ordinaires

Instructions de lecture

Priser l'encens, les oiseaux, la pluie venteuse – notes de piano et taches de soleil.

Être seul, savoir le rester ; goûter le calme et le silence.

Se faire enfant ; se faire rêveur ; tel l'épouvantail, abandonner ses haillons.

Voir en la toute première phrase, la surface d'une eau noire ; plonger.

Ignorer le galop du temps ; sa musique suffira.

S'arrêter au détour d'un chapitre, écouter sa respiration lente.

Soupirer. Rire. Pleurer. Commenter à voix haute.

Songer à l'auteur : ses paysages / un trésor perdu / le soir de sa mort.

S'abstraire du monde et jouir de l'instant.

Dans la Gloire du matin

Lorsqu'il leur arrive une chose extraordinaire, la plupart des personnes invoquent les caprices du hasard ; certaines parlent de destin ou de grand livre universel ; quelques-unes, plus rares, ne se posent aucune question.

Je m'en tiendrai, pour ma part, à un constat : le jour où j'ai rencontré David Marcus est le jour où ce recueil est devenu réalité, celui où il a quitté le monde vague des projets et des rêves pour s'incarner pleinement dans le présent.

De tous les personnages que vous croiserez en ces pages, David est le seul que je n'ai pas expressément *cherché* à contacter. C'est, au moins en partie, ce qui rend son histoire si fascinante. À sa façon, cet homme est la preuve qu'en chacun de nous rayonne une grâce secrète. Le tout est de s'en souvenir. Ou de l'accepter.

Notre discussion a duré près de neuf heures. Elle a débuté dans la file d'attente d'une agence de voyages, s'est poursuivie dans un café, puis dans un autre (quand les portes du premier ont fermé), pour finir sur le banc public d'une grande avenue est-parisienne.

David Marcus est anglais par sa mère et australien par son père. C'est un homme de grande taille, au visage tanné par le soleil, au regard brun pailleté d'or et à qui on ne donnerait jamais ses cinquante ans – le genre de matadors sur lesquels les femmes se retournent malgré elles.

Le jour où il m'aborde, je suis sur le point d'acquérir un billet pour Rio de Janeiro. Au moment précis où la vendeuse m'annonce le prix, il me serre le bras. « Vous restez à Rio, ou vous y passez seulement ? » Interloqué, je le dévisage. « J'y passe. » Il se présente, s'enquiert de mon itinéraire. Je lui en dévoile les grandes lignes. Il m'entraîne à l'écart. « Mon beau-frère possède une agence de location de voitures à Brasilia. Il est très arrangeant. Si vous aimez rouler, ça peut être une bonne idée d'atterrir là-bas. Vous avez cinq minutes ? »

Je jette un œil à la vendeuse ; elle s'impatiente. « Alors, vous le prenez, cet aller simple ? » David Marcus m'indique un café, de l'autre côté de la rue. « Vous me paraissez hésitant. Vous ne voulez pas que nous allions parler ? Votre billet attendra, si c'est ça qui vous inquiète. »

Quelques instants plus tard, me voici attablé devant une bière, soumis à un feu roulant de questions. Que vais-je faire au Brésil ? En deux mots, j'expose mon projet à David. Il frappe la table du plat de la main. « Formidable ! Vous avez raison, c'est ça qu'il faut faire, c'est tout à fait ça ! » Il s'exprime dans un français étonnamment fluide, souligné d'une pointe d'accent british que je soupçonne factice. Je le questionne à mon tour. L'homme a été courtier en Bourse, agent immobilier, chercheur d'épaves, anthropologue, maître nageur et guide de montagne. Aujourd'hui, il accompagne des groupes de touristes dans le bush, au cœur de l'Australie. Ai-je l'intention de me rendre là-bas un jour ? « Ce n'est pas au programme, dis-je. Dommage, d'ailleurs : car si on laisse l'Antarctique de côté, l'Océanie est le seul continent qui manque à ma liste. Il faut croire que je n'ai pas trouvé l'histoire adéquate.

— Vous n'avez pas dû beaucoup chercher ! »

Je hausse les épaules. David Marcus commande une deuxième tournée de bière et annonce qu'il ne me laissera pas payer, inutile d'insister. Il se penche sur la table : « Donc, votre truc, ce sont les histoires incroyables mais cent pour cent véridiques, c'est bien ça ? Vécues par des personnes que rien n'y avait préparées.

— En quelque sorte. J'ai pensé à un titre : *La Vie extraordinaire des gens ordinaires*.

— Ah. Dommage.

— Pourquoi ? »

Il avale une gorgée de bière. « Je ne pense pas être quelqu'un de spécifiquement ordinaire. Loin de moi l'idée de me vanter, entendons-nous bien. Ce qu'il y a, c'est que ma mère est morte deux ans après ma naissance, piétinée par un éléphant dans les rues de Macao et qu'à la suite de cet accident, mon existence s'est transformée en une suite ininterrompue de coups de veine invraisemblables et de catastrophes en série. »

Il choque son verre contre le mien, scrute mon visage, étouffe un rot : « J'ai semé le trouble, on dirait. Vous réfléchissez.

— Avez-vous une histoire incroyable à me raconter, monsieur Marcus ?

— Pourquoi cette question ?

— Tout le monde est ordinaire, jusqu'à preuve du contraire. Ce sont les circonstances qui nous modèlent. Les rencontres.

— Très bien. »

Il repose son verre. Une ambulance passe en trombe. Un feu clignote. Des flots de piétons déferlent. « Très bien, répète-t-il. J'ai peut-être une histoire pour vous. Le problème, c'est que je ne peux pas vous prouver qu'elle est vraie. Le seul homme qui pourrait l'attester n'est plus parmi nous.

— Êtes-vous prêt à jurer ?

— Jurer ?

— Prêter serment. Sur ce que vous avez de plus cher. »

Il passe un doigt sur le rebord de son verre. « Ce que j'ai de plus cher, c'est ce que nous partageons tous : la vie. La chance d'être ici, si vous préférez. La chance de respirer, de souffrir, de rêver. Les gens oublient à quel point exister est une grâce.

— C'est une opinion à laquelle je souscris pleinement. Alors, vous jurez ? »

Il lève la main droite, solennel. « Ici et maintenant. Je jure, oui. Mais je vous préviens, la conclusion est dure à avaler. Vous risquez de rester sur votre faim. »

Je l'encourage à se lancer. Mains derrière la nuque, il se renverse sur sa chaise. « La Gloire du matin, vous connaissez ?

— Non. »

Son visage s'illumine. « Heureux homme. C'est un nuage.

— Juste… un nuage ?

— Non, pas "juste" un nuage. C'est le nuage le plus rare au monde. Le plus beau, également. Le Graal des chasseurs de nuages. »

Je croise les mains sur la table. Chasseurs de nuages, hein ? Ça ne doit pas être une profession très répandue.

David Marcus sourit. « Disons qu'il faut du temps, et pas mal d'argent. Mais parlons de la Gloire, avant tout : un nuage lisse et tubulaire, qui peut s'étirer sur un millier de kilomètres et ne se forme que lorsque certaines conditions exceptionnelles sont réunies. Pour les amateurs de planeur, la Gloire représente une expérience absolument unique. Surfer dessus est un bonheur que l'on n'oublie jamais.

— Vous l'avez déjà fait ? »

Délibérément, il ignore ma question. « Personne ne sait comment naît la Gloire du matin. On suppose qu'elle apparaît au milieu d'une, eh bien, collision de vents contraires ; la vérité, c'est que les paramètres sont innombrables. En théorie, les Gloires peuvent se former au centre des États-Unis, au-dessus de la Manche, à l'est de la Russie, partout. Les Berlinois en ont aperçu une en 1968. Mais il n'existe qu'un endroit au monde où elles se manifestent avec régularité, et c'est en Australie. Plus exactement : aux abords du golfe de Carpentarie, séparé de la mer de Corail par Cape York – un carré de quatre cents kilomètres de côté. Là-bas, vous pouvez en trouver chaque année, le plus souvent de septembre à janvier. Il y a des gens qui sont prêts à parcourir des dizaines de milliers de kilomètres pour contempler ces merveilles. J'appartiens à cette confrérie de cinglés. »

De ses mains courbées, il mime le mouvement d'un rouleau, un tube en rotation glissant dans le ciel telle une vague. « Avant que le nuage arrive, murmure-t-il, dans les premiers frémissements de l'aube, les feuilles s'agitent et la poussière se lève. Du givre apparaît sur les vitres des maisons et, sous l'effet de l'humidité, les plateaux en bois se courbent. Puis survient un calme terrible, plus impressionnant encore que ceux qui précèdent une éclipse de soleil. Le nuage s'avance. Les animaux se figent. Le vent ne souffle plus. L'espace de quelques minutes, le monde est mis en sommeil. »

Il devient pensif. Change inopinément de sujet. Me parle de sa vie, de ses succès, de ses déceptions. Il évoque sa première femme, sa seconde. Les bières s'accumulent. « Ce livre que vous avez en tête… Vous en êtes aux prémices, n'est-ce pas ?

— On peut dire ça.

— J'aimerais figurer en première place, si ça ne vous dérange pas. En ouverture. On prétend que les plus grands voyages débutent dans les aéroports. Considérez ce café comme l'antichambre de votre aéroport n° 1, d'accord ? »

Il me tend une main. Je la serre avec énergie. « Marché conclu. »

Non loin du golfe de Carpentarie, sur les berges d'une rivière oubliée, se trouve un minuscule village du nom de Burketown. Population ? Cent cinquante habitants – deux cents à la saison des nuages.

Perdu au milieu du Northern Queensland (une savane inhospitalière, lavée par les cyclones), Burketown ressemble à l'idée que l'on se fait généralement du bout du monde. Quelques baraques en tôle montées sur pilotis surveillent des pistes rouges bordées de poteaux électriques. Chaque année, en novembre et décembre, des cohortes d'amateurs d'ULM et de planeur se réunissent en périphérie dans l'espoir de surfer sur le plus gigantesque nuage du monde.

David Marcus a eu cette chance, il y a vingt ans. « À l'époque, raconte-t-il, le phénomène était encore moins connu qu'aujourd'hui, et se rendre à Burketown était déjà une aventure en soi. L'un de mes amis était pilote de planeur. Un employé de mon père, qui travaillait à Darwin, nous avait parlé des Gloires du matin. Notre idée était de mitrailler ce foutu nuage et de vendre nos clichés au *National Geographic* ou à quiconque se montrerait intéressé. Tous ceux à qui nous parlions de ce projet nous traitaient de cinglés. Ce qui nous motivait encore plus. »

Il s'arrête un instant, suit une serveuse des yeux. « Nous sommes arrivés début novembre. Il n'y avait qu'un hôtel à Burketown, si on peut appeler ça un hôtel. Nous avions dépensé cinq mille dollars rien que pour transporter le planeur et le remettre en état. Je vous passe les détails de l'équipée. Bien entendu, nous ne pouvions compter que sur nos deniers personnels. Tous les matins, nous nous levions avant l'aube pour guetter d'éventuelles perturbations. Rien ne s'annonçait. C'était une situation assez éprouvante pour les nerfs. Cela dit, nous n'étions pas seuls. Une dizaine d'autres pilotes avaient élu domicile chez Paul Poole, qui s'occupait aussi du terrain d'aviation local. Certains venaient ici pour la quatrième ou cinquième fois. Tous n'avaient à la bouche que des histoires enchanteresses, et tous affichaient la même mine lugubre. "Ce nuage, c'est comme si la plus belle femme du monde vous avait donné rendez-vous dans un endroit connu de vous seul, résumait l'un d'eux, et qu'elle avait oublié de vous communiquer la date." Lui arrivait de Sydney. Il était venu en voiture, avec sa fiancée. On voyait bien qu'il était à bout. »

Je l'interroge sur ses journées. Il ricane. « Patienter. Discuter. Que faire d'autre ? Hors de question de voler pour rien. Alors : guetter les signes. Les vents marins. Le pic de haute pression au-dessus du cap. Journée sans vent, égale déception assurée. Sur l'île de Bentinck, des aborigènes connaissaient des danses pour faire venir le nuage. Ils l'appelaient le *yippipee*. Leurs fables surréalistes nous chatouillaient les oreilles. Et puis il y avait les risques. Les contes funestes, les mises en garde, les chuchotis. Certes, les nuages favorisaient la manifestation d'ondes formidablement propices, d'équipées interminables et grisantes. Mais lorsque deux Gloires se rencontraient (ce qui pouvait advenir, ce qui advenait parfois, et même trois Gloires, et même quatre, racontait un vieux pilote à qui voulait l'entendre), l'air à leur intersection entrait en turbulence et se gonflait de colère – un vrai danger pour les planeurs. Mon comparse plissait le front. Il avait beau posséder des centaines d'heures de vol à son actif, il ne s'était jamais mesuré à une Gloire du matin, et l'attente sans horizon ne faisait qu'aggraver son appréhension. Nous avions pris la décision de rester à Burketown quoi qu'il arrive. Nous avions dépensé trop d'argent déjà.

« Nous avons commencé à recevoir toute une série d'appels en provenance de Darwin. Du genre mauvaises nouvelles. Ma fiancée d'alors mettait les voiles. Le *National Geographic* rejetait le principe d'un reportage amateur. D'autres magazines fermaient leurs portes. Un matin, on m'annonça que mon père avait fait une attaque. Tout, en apparence, conspirait à nous faire abandonner. Une bataille à mort s'était engagée entre ce fichu nuage et nous. Je me sentais comme Don Quichotte. »

Il fait une pause, regarde au-dehors. Le soir tombe. Notre cafetier range les chaises ; il est huit heures, nous informe-t-il : le moment de fermer. David va-t-il conclure son histoire en hâte ? Je le redoute. Homme de peu de foi ! Placidement, mon interlocuteur désigne un second café, plus haut sur l'avenue. « Ils servent d'excellentes bavettes à l'échalote. Venez, je vous invite. »

Lorsque la Gloire du matin apparaît, il n'est plus temps de réfléchir. Après une journée et une nuit notoirement venteuses, les rides et les contorsions du rouleau monumental, scintillant sous les reflets naissants de l'aurore, se forment et disparaissent sans discontinuer, produisant un ample mouvement de reptation.

David et son pilote sautent dans leur voiture. Les autres sont déjà partis. Sur le terrain d'aviation, ils s'emploient à essuyer la rosée sur les ailes de leurs planeurs. Bientôt, les avions décollent face au vent. À trente kilomètres au nord de la ville, au niveau du littoral, la Gloire du matin s'avance, lisse et soyeuse comme un songe. « Cinquante kilomètres de long, annonce le pilote à son passager. Accroche-toi, nous allons voir ce coco de plus près. »

Cramponné à son fauteuil, David Marcus écarquille les yeux. Sous les rayons du soleil levant, les ailes des planeurs étincellent telles des planches de surf cirées à blanc. Glissant au bord du tube, ils paraissent minuscules. Le soleil se lève au-dessus de la formation, et l'onde boursouflée se pare de nuances bleues, rosées, orangées. « On aurait dit une peinture de la Renaissance italienne, relate David. Un tableau dans lequel plonger et se perdre à jamais. Je ne crois pas en Dieu, vous savez, je crois en la Beauté. Ce matin-là, il n'y avait pas d'autre choix. »

Détachés sur l'azur, les planeurs dérivent et décrochent, filant le long des ondulations tièdes. Ils prennent de la vitesse, gravissent la pente, inclinent une aile, glissent sur le nuage pour de bon.

Le temps ? N'existe plus. « Nous avions tiré la verrière coulissante, poursuit mon interlocuteur, de sorte qu'aucun obstacle ne nous empêchait d'observer le nuage comme il méritait de l'être. Mon pilote était concentré sur ses manœuvres. Il n'a pas vu ce que j'ai vu.

— C'est-à-dire ? »

David Marcus fait craquer ses jointures. Son regard se trouble. « Jusqu'ici, c'était seulement intéressant et un brin exotique. À présent, ça va devenir horriblement difficile à croire. De l'ordre du mythe. »

Pour la centième fois, il porte un verre à ses lèvres. L'alcool ne semble pas produire le moindre effet sur son organisme. « On peut parler de visions, dit-il. De mirages, d'hallucinations. J'ignore quel mot conviendrait le mieux. Je sais juste que c'était réel. Aussi réel que vous et moi à cette table en train de boire un verre. »

Le serveur apporte nos plats. David secoue sa serviette pour la déplier, la noue autour de son cou puis empoigne sa fourchette ; pendant quelques minutes, il dévore de bon cœur. Enfin, il pose ses poings de chaque côté de son assiette. « Imaginez la scène. La première scène : un enfant, deux ou trois ans, assis sur son derrière, occupé à jouer.

— Un enfant ?

— Oui.

— Mais où donc ?

— Sur le nuage.

— Sur…

— À une vingtaine de mètres de notre planeur. Quand nous sommes passés, il a relevé la tête. Nous filions à quatre-vingts nœuds, je ne peux donc pas dire que ça a duré très longtemps. Je me suis retourné sur mon fauteuil. Il était là, tranquille, concentré. Il riait. Je n'ai rien dit à mon pilote. À quoi cela aurait-il servi ? Je ne pensais plus à rien. La folie du moment, la splendeur du spectacle, tous ces matins levés à cinq heures… »

Je tousse devant mon poing. Il plisse les yeux.

« Qu'y a-t-il ? Vous ne me croyez pas ?

— Si, dis-je.

— Je vois bien que non.

— Vous ne voyez rien du tout. Poursuivez.

— Bon. »

Il montre mon assiette. « Vous ne finissez pas ? La suite – la deuxième scène, devinez quoi ? Un astronaute. Un astronaute en combinaison spatiale, prêt à marcher sur la Lune. Sauf que nous n'étions pas sur la – ahem, vous m'avez compris. L'homme tenait un drapeau. Il était prêt à le planter. Quand il m'a aperçu, il a suspendu son geste. Puis il a agité la main, en guise de salut. Cette fois, j'ai pris l'appareil photo. Mais aucun résultat. Ça secouait trop.

— De quelle couleur, le drapeau ?

— Américain. Avec les étoiles et tout le tralala.

— À quelle distance vous trouviez-vous ?

— Pareil que la première fois, Sherlock. Approximativement. Mon astronaute était apparu au sommet d'une crête. On aurait dit qu'il avait pris position sur un rocher.

— Et votre pilote ne voyait toujours rien ?

— Non.

— Je présume qu'il y a une troisième scène.

— Il y en a une. Dix minutes plus tard. Peu de temps avant que nous ne fassions demi-tour. Un vieux type sur un fauteuil à bascule, en salopette bleue, avec une barbe et un chapeau de paille. Il se tenait au milieu de la Gloire. Les mains croisées sur le ventre. Je ne crois pas qu'il dormait – ou alors, le fauteuil se balançait tout seul. Cette fois, nous étions plus près encore, j'en ai la certitude. La seule chose que je me souviens avoir pensée, quand j'ai vu ce vieux, c'est : "Bon sang, comme ça doit être bon de somnoler dans toute cette lumière !" Longtemps, je l'ai suivi des yeux, une main en visière. Pour finir, nous avons viré de bord et il a disparu dans un intense poudroiement. Je n'avais même pas pensé à l'appareil. J'étais suffoqué. Je pleurais.

— Vous pleuriez. »

Il opine. « Jusqu'à ce que vous ayez vécu l'expérience de planer là-haut, vous ne pouvez pas comprendre. Il n'y a pas de mots appropriés. Plusieurs fois, j'ai eu envie de sauter sur le nuage à mon tour. J'étais sûr que c'était possible. Que ce n'était pas dangereux.

— Qu'est-ce qui vous a retenu ? »

Il rit. « La ceinture de sécurité. » Son visage s'assombrit. « Je n'ai jamais cherché à savoir ce que signifiaient ces visions. Les étapes de ma vie ? Les étapes de la vie en général ? Un truc entièrement différent ? N'en déplaise à Freud et consorts, personne ne sait si les rêves parlent du passé ou de l'avenir, ni même s'ils parlent de quoi que ce soit. Je ne tiens pas faire de prosélytisme. Je sais ce que j'ai vu. J'en ai parlé à mon père, sur son lit de mort, et à une femme, il n'y a pas si longtemps. Vous êtes le troisième. Que vous me croyiez ou non est accessoire. Je ne dis pas ça méchamment. Vous faites comme vous l'entendez. »

Il m'adresse un clin d'œil, s'étire, m'interroge. « Vous attendez le mot de la fin ?

— Je le redoute et l'espère.

— Vous avez bien raison. Mon ami pilote est mort dans un accident de voiture deux semaines après notre retour à Darwin. Mon père a fait une deuxième attaque, puis une troisième, qui l'a bel et bien emporté. Mon ex-fiancée s'est mariée avec celui que je considérais jusqu'alors comme mon meilleur ami. Une période de ténèbres. Mais je vais vous avouer une chose : je m'en moquais. Je m'en moquais totalement. Je me sentais léger, libre, étranger aux convulsions du monde. Mes proches me trouvaient "changé". Bien sûr que j'étais changé. Quelque chose s'était passé là-haut.

— Quoi ?

— Compliqué à expliquer. Je peux essayer quand même. Une force me guidait, voilà. Elle me guide toujours. Peu importe de savoir d'où elle vient, à quoi elle sert. Elle existe, ça me suffit. Comme la vie, comme la mort. Tout ça a un sens. Et ne pas le connaître est assez reposant. »

Un serveur apporte ce qui doit être la millième bière de la soirée. David Marcus s'abandonne à l'ivresse, mais cela n'a rien à voir avec ce qu'il raconte. Son visage est détendu. Quand il prétend qu'il ne cherche pas à convaincre qui que ce soit, j'ai furieusement envie de le croire.

Sur ses visions, il ne dira rien de plus. Que pourrait-il ajouter ? Un homme a vu des gens dans les nuages : des gens qui avaient l'air contents de se trouver là-haut et qui ne se souciaient ni du temps ni de la pesanteur.

La soirée s'achève sur un banc. Nous parlons de choses et d'autres, puis nous prenons congé. Au moment de nous séparer, nous échangeons nos adresses. « N'oubliez pas votre promesse, hein ! clame David en s'engouffrant dans un taxi. Première place ! »

Je reste sans réaction bien après qu'il est parti.

Quelques jours plus tard, j'achète un livre sur les phénomènes atmosphériques. L'auteur y mentionne brièvement les Gloires du matin. « Un phénomène inouï et rarissime, écrit-il. On estime à une centaine le nombre de personnes ayant pu approcher une Gloire de près. » Suivent une vingtaine de photos, prises d'un avion. Effectivement, la beauté de ces nuages défie l'entendement.

Pendant un instant, malgré ce qu'il a vécu ensuite, ou à cause de cela, je me sens jaloux de David Marcus. C'est un sentiment inhabituel pour moi. Dans l'espoir de le dissiper, je décide de lui écrire. Je lui demande s'il a gardé des photos, lui aussi. S'il n'y aurait pas quelque chose qu'il a oublié de me dire.

La lettre me revient au bout de trois semaines, porteuse de la mention : « N'habite plus à l'adresse indiquée. »

Pour le coup, je ne sais plus trop quoi penser. Je suppose que l'alcool lui a fait commettre une erreur quand il m'a noté ses coordonnées. Peut-être aussi a-t-il voulu en rester là, de peur d'ajouter du superflu à l'essentiel. Continue-t-il à suivre sa route ? Chaque fois que je prends l'avion, je pense à lui et à la chance qui lui a été offerte. Le nez collé au hublot, j'essaie d'apercevoir quelque chose à mon tour sur la frange des nuages. Qui n'essaierait pas ?

Retour d'Atlantide

« Nous faisons tous partie de cette histoire, déclare Mercedes, larmes aux yeux, en finissant d'essuyer la vaisselle : tous les trois, pour de vrai. Nous avons toujours été unis et ce n'est pas maintenant que cela va changer. Ne prêtez pas attention, ajoute-t-elle, comme pour me rassurer ; nous sommes heureux, vous n'imaginez pas à quel point. » Je la suis dans le couloir. D'un côté, la chambre parentale médicalisée où repose son mari, Cayetano, dans le coma depuis plusieurs années. De l'autre, celle de Jupiter, leur fils, sept ans : un enfant qui a cessé de ressembler aux autres.

J'ai appris l'existence des Lascaray par hasard, grâce à un forum dédié aux phénomènes paranormaux. L'un des intervenants, le Pr Ortonalo – spécialiste des civilisations perdues –, y intervenait personnellement pour évoquer sa dernière expédition en date. Je recopie ici l'essentiel de son article :

Si une communauté scientifique de plus en plus large admet désormais l'existence de l'Atlantide, sa localisation reste l'objet de vives spéculations. Divers experts, rejoignant en cela le philosophe Platon, pensent qu'elle était établie au sortir de la Méditerranée ; d'autres, dont je suis, la situent quelque part dans l'océan Atlantique, estimant que les îles Bimini, au large de la Floride (où des ruines sous-marines ont récemment été découvertes), constituent ses derniers vestiges. Les mégalithes des régions côtières de l'Europe et de l'Afrique du Nord, apparus pour la première fois autour du cinquième millénaire avant Jésus-Christ, soit peu de temps après la date supposée de l'engloutissement de la civilisation atlante, plaident en faveur de cette thèse.

Nous postulons que les Atlantes auraient colonisé les rivages de l'Europe, la côte du nord de l'Afrique, de l'Égypte et une partie du littoral italien, avant de disparaître. Il existe suffisamment d'évidences archéologiques au cours du Paléolithique pour que la prédominance de la navigation à cette époque donne créance à cette théorie. [...] Par ailleurs, l'influence atlante sur les cultures néolithiques ne fait guère de doute quand on compare les méthodes de construction des édifices cyclopéens et les dispositifs architecturaux des monuments mégalithiques avec certaines structures sous-marines de divers secteurs côtiers, particulièrement en Europe de l'Ouest et en Méditerranée.

Il y a de cela deux ans et demi, j'ai organisé une expédition scientifique à quelque cinquante milles nautiques au sud de Tenerife, dans les Canaries, pour tenter d'identifier un énorme objet de forme parallélépipédique localisé par 120 mètres de fond.

Grâce au soutien d'un groupe industriel espagnol, cette expédition a été dotée de moyens conséquents, comprenant notamment un sous-marin de poche et la participation d'éminents spécialistes en archéologie sous-marine. Nous en avons tiré une série de films montrant qu'en plus du parallélépipède, deux structures de forme pyramidale, hautes de 150 mètres et larges de 300 mètres à la base, distantes de plusieurs centaines de mètres mais reliées par un mur d'enceinte, composaient un ensemble beaucoup plus étendu que nous ne l'avions imaginé – une cité sous-marine.

Hélas ! Comme vous le savez sans doute, les films en question, qui constituent à mes yeux une preuve irréfutable de l'existence de la civilisation atlante, ont été saisis par le gouvernement espagnol sous des prétextes juridiques liés à des malversations apparemment opérées par le groupe financeur. [...] À ce jour, des documents fondamentaux pour notre connaissance des civilisations perdues – documents que nous sommes les seuls à pouvoir exploiter et analyser comme ils le méritent – sommeillent inutilement dans les archives de l'État espagnol, en attendant un règlement judiciaire que nous continuons à espérer favorable.

J'ai écrit au professeur. J'ignore ce qui me fascinait chez lui : sa foi désespérée en ses théories ? L'indifférence manifestée à l'égard de ses contempteurs ? Nous avons correspondu quelque mois, en tout cas, et c'est ainsi que l'histoire de Cayetano Lascaray, quarante-quatre ans, plongeur professionnel et membre de son expédition est arrivée jusqu'à moi.

Depuis plus de trois ans, Cayetano végète dans un coma profond. Au terme de l'une de ses descentes, et pour une raison à ce jour inconnue, il est remonté trop vite à la surface sans respecter les paliers réglementaires. Quelques minutes après avoir été hissé sur le pont, il a subi ce que les plongeurs appellent un ADD (accident de décompression) cérébral.

Les médecins ne savent pas s'il se réveillera un jour. D'après Mercedes, les lésions causées au cerveau ne seraient pas irréversibles. Un mince espoir subsiste donc ; l'espoir – en apparence – est tout ce qui reste aux Lascaray.

Las Galletas, extrême sud de Tenerife. Mercedes et son mari habitent un trois pièces sur le front de mer, au-dessus d'un restaurant de poissons. Les fenêtres sont ouvertes, la brise soulève les rideaux. Tout est chaud, silencieux, presque parfait. Le bleu du ciel, à l'horizon, se fond dans le gris de la mer. Quand je lui demande comment elle est arrivée ici, Mercedes me sourit. « C'est ma ville natale, m'explique-t-elle, accoudée au balcon, et celle de Cayetano aussi. Nous nous sommes rencontrés à l'école et nous ne nous sommes jamais quittés. J'ai accouché dans cet appartement. Ma mère habite à cinq cents mètres. Pourquoi voudriez-vous que nous partions ? »

Situé à une quinzaine de kilomètres des plages de Los Cristianos et de Las Américas, toutes deux très fréquentées par les touristes, Las Galletas est un village de pêcheurs tranquille, qui jouit toute l'année d'un climat uniforme. C'est aussi, et surtout, un paradis pour les plongeurs. Formée par les éruptions volcaniques, l'île offre un panorama sous-marin spectaculaire : coulées de lave solidifiées, amas déchiquetés, grottes, arches, orgues basaltiques et canyons, entrecoupés d'arènes de sable jaune. On imagine sans peine, lorsque l'on descend de quelques mètres, le choc entre l'eau et les coulées brûlantes, le travail de la matière, la violente fusion ayant sculpté ces paysages fantasmagoriques.

L'après-midi s'étire. Le petit Jupiter est enfermé dans sa chambre et travaille à son grand œuvre (j'y reviendrai). Mercedes et moi avons disposé des chaises sur le balcon. Ce matin, la jeune femme a procédé à la toilette de son mari : deux heures de soins quotidiens. Le reste du temps, elle fait des ménages. « L'accident de Cayetano ne nous a rapporté aucune indemnité, précise-t-elle. Il y a eu des problèmes avec l'assurance parce que la plongée était illégale. Embaucher un avocat nous coûterait trop cher. Je préfère m'en sortir autrement. Avec une aide-soignante.

— Et le professeur Ortonalo ? Êtes-vous en contact avec lui ?

— Le professeur est un marginal. Il m'écrit deux ou trois fois par an pour prendre des nouvelles. Il promet qu'il va m'envoyer de l'argent. J'attends toujours.

— Où habite-t-il ?

— À Séville. Mais il voyage tout le temps. »

Je réfléchis un instant. « Au sujet de ses théories sur l'Atlantide… J'aurais aimé vous demander…

— Si je les partage ? Je n'aime pas répondre à ça. Je sais qu'il y a quelque chose sous la surface, là-bas. (Elle englobe le large d'un geste.) Une cité sous-marine. Les détails, je les ignore. Je ne suis pas une spécialiste.

— Avez-vous vu les films de l'expédition ? »

Elle secoue la tête. « À ma connaissance, personne ne les a jamais visionnés à part Ortonalo. »

Silence. Il y a quelques semaines, Mercedes m'a adressé une longue lettre pour me raconter sa vie et celle de sa famille. J'en suis resté bouche bée : les quelques mails que nous nous étions échangés jusqu'alors n'avaient rien laissé présager de cette confidence.

Aujourd'hui encore, j'ignore pourquoi Mercedes a choisi de s'ouvrir à moi de la sorte ; mais je suis ravi qu'elle l'ait fait.

La chambre de Jupiter donne sur cour. Dans un coin, un lit d'enfant côtoie un bureau bon marché équipé d'une chaise pliante. Fixée au mur, une étagère croule sous le poids des livres et des trophées : le jeune garçon, qui veut devenir professionnel « quand il sera grand », participe régulièrement à des compétitions de natation. Pour l'heure cependant, un autre projet l'occupe. Un projet qu'il se révèle incapable d'expliciter de façon intelligible. Au centre de la pièce, une planche de contreplaqué montée sur tréteaux supporte une vaste maquette de cité-labyrinthe, riche d'innombrables détails, pourvue de temples, de maisons et de fontaines. Aux extrémités, deux pyramides se dressent. Les bâtiments, peints à la main dans des tons ocre, sont faits de plastique et de polystyrène. Chacun possède ses portes, ses fenêtres, son atrium... Est-il besoin de demander le nom de cette ville ? « En fait, explique le jeune garçon, elle n'en a pas. Mais je sais très bien où elle se trouve. Et je sais qu'elle ressemble à ça en vrai.

— En vrai ?

— Sous la mer. »

Je me penche sur la construction. Ruelles, escaliers, lavoirs, fours à pain – tout est reconstitué au centimètre près. On pense, sur un plan architectural, à un mélange entre l'Égypte antique, les ruines d'Herculanum et les jardins suspendus de Babylone. Je montre une pyramide. « Ton père a plongé ici, n'est-ce pas ?

— Oui.

— Comment te viennent ces idées ? »

Il désigne la chambre de ses parents. « Je ne sais pas. Il faudrait demander ça à mon père. Je me suis lancé dans ce travail quelques jours après son retour à la maison. Avant, il était à l'hôpital : trop loin de nous. Maintenant, c'est comme s'il m'inspirait. Et je ne peux pas m'arrêter.

— Ton père te parlait-il de ses plongées ?

— Non. J'étais trop petit.

— Et depuis son... accident, as-tu essayé d'en apprendre plus sur son travail ? »

Jupiter fait non de la tête. Les pyramides sont des édifices à degrés, munis de trouées latérales, cylindriques. « Et ça, qu'est-ce que c'est ?

— C'était pour le dieu du vent.

— Le dieu du vent ?

— Il y avait un bruit quand le vent rugissait, et les gens disaient que c'était le dieu du vent, et ils le laissaient parler de plein de façons différentes.

— As-tu une idée de qui étaient les gens que tu évoques ?

— Pas trop.

— Les Atlantes ? Tu as entendu parler des Atlantes ?

— Oui. »

Mercedes accroche mon regard et je devine, à son expression, qu'il serait préférable de mettre un terme à la conversation. « Vous savez ce qu'on dit sur les grands artistes, me glisse-t-elle au salon : l'œuvre s'accomplit *à travers* eux. Franchement, je ne vois pas de meilleure façon d'expliquer ce qui se passe avec mon fils. Il est à peine conscient de ce qu'il fabrique. Certaines nuits, je le trouve assis sur son lit, pinces et pinceaux en mains. Si on le laissait faire, il travaillerait là-dessus vingt-quatre heures sur vingt-quatre. »

La nuit est tombée mais les fenêtres sont restées ouvertes et les rideaux frémissent encore. Mercedes m'a fait entrer dans sa chambre, tout à l'heure. Elle m'a raconté comment vivait Cayetano, à quoi servaient les machines qui lui étaient reliées. Toute autre qu'elle aurait sombré depuis longtemps dans l'abattement et la résignation ; Mercedes, elle, ne connaît pas ce mot.

Elle vit pour son fils, bien sûr. Mais pas seulement.

Dans la cuisine noyée de pénombre, elle souffle sur son thé. « Mes premiers rêves – la grande ville sous la mer –, je les ai faits quelques jours après le retour de mon mari. Au début, c'étaient des cauchemars, uniquement des cauchemars. Je me perdais au cœur du dédale et finissais par me noyer. Ensuite, Jupiter s'est attaqué à sa maquette. On aurait dit qu'il la bâtissait pour me guider. Lorsque je rêve, je me borne à explorer les endroits qu'il a déjà construits : ainsi, je ne risque plus de m'égarer. »

Elle allume une cigarette, tire une bouffée, me dévisage. « Vous ne fumez pas ?

— Non.

— Je ne fumais pas non plus, avant. Maintenant, ça me prépare au rêve. C'est comme un rite spécial. »

Elle rit, et son rire cascade dans la nuit tel un collier de perles rompu. « Vous vous demandez où tout cela va nous mener, hein ?

— Je ne réfléchis pas en ces termes.

— Je cherche la pièce centrale.

— Je vous demande pardon ? »

Elle inhale une nouvelle bouffée, écrase sa cigarette sur le rebord du cendrier. « Je n'explore pas cette ville en vain. Mon mari se trouve à l'intérieur, quelque part. Le tout est de savoir où. Je sais que je peux encore chercher pendant des années. Je sais aussi que je finirai par le dénicher. Il sera là, assis au milieu de la cour, sur une chaise toute simple, il sera là et il m'attendra. »

Deux heures du matin : il est plus que temps de dormir. Mercedes déplie le canapé-lit à mon intention.

Elle, comme chaque soir, va se contenter d'un matelas, installé à mi-hauteur au pied du sommier conjugal.

Nous nous souhaitons bonne nuit. Je lis un quart d'heure puis éteins la lumière.

Deux heures et demie : je ne parviens toujours pas à trouver le sommeil. Les mots que Mercedes a prononcés avant de s'éclipser continuent de me trotter dans la tête. « Nous faisons tous partie de cette histoire. Tous les trois. »

Cayetano a vu les ruines. Jupiter construit la cité. Mercedes s'y glisse en rêve, en arpente les méandres. Un jour, elle retrouvera Cayetano. Que se passera-t-il alors ? Mystère.

Mercedes n'a pas jugé utile de raconter ce qui lui arrivait au Pr Ortonalo. Les rêves de sa famille, elle les vit comme une grâce, une aventure intérieure. À l'image de son fils, elle se moque de savoir si la ville que son époux a explorée est réellement une cité atlante. « C'est avant tout la ville de notre amour, me confie-t-elle. Vous n'avez pas idée de ce qui se passe en moi. Mon fils m'en parle parfois. Venez me voir dormir, si vous voulez. »

Trois heures du matin, insomnie classique. Sur la pointe des pieds, je m'avance le long du couloir. Les portes des chambres ? Entrouvertes. Entortillé dans ses draps, Jupiter dort profondément. Sa maquette palpite d'une étrange lueur ; peut-être n'est-ce que le fruit de mon imagination.

Je pousse la porte des parents, à présent. Il me faut quelques minutes pour m'habituer à l'obscurité.

La fenêtre est ouverte. Allongée sur le dos au pied du lit médicalisé, Mercedes tient la main de son mari. Doucement, son autre bras s'agite. On dirait qu'elle nage la brasse. De ses lèvres, un gémissement s'échappe. Une phrase se détache, parfaitement distincte : « Je crois que je n'étais jamais encore venue par ici. »

J'ai la sensation de violer un sanctuaire. Retenant mon souffle, je bats en retraite, regagne le salon, éteins toutes les lumières.

Le lendemain, dans la cuisine, Mercedes me salue comme si de rien n'était. Son visage est apaisé. Mi-closes, ses paupières filtrent la lumière dorée.

Je tire une chaise. Il est près de huit heures et Las Galletas s'anime peu à peu ; on entend des hommes s'invectiver au-dehors.

« Bien dormi ?

— Très bien, merci. »

Jupiter est parti à l'école. Mercedes, elle, prend son service plus tard aujourd'hui. Cayetano a été lavé, ses ongles coupés, elle lui a massé les jambes. L'aide-soignante à mi-temps va arriver pour assurer le relais.

« C'est bizarre, dis-je.

— Quoi donc ?

— Vos yeux. Personne n'a les yeux bleus, ici. »

Sourire. « Ils n'étaient pas bleus avant. Ils étaient bruns. Ils ont changé de couleur il y a trois ans, au moment où je faisais mes premiers rêves.

— C'est…

— Difficile à croire ? On me le dit. Les voisins sont persuadés que je me suis fait poser des lentilles. Je ne cherche pas à les convaincre. Jupiter sait bien que c'est ma vraie couleur, lui. Honnêtement, c'est tout ce qui m'importe. »

Clair comme de l'eau de roche

Vous aimez vivre dangereusement ? Prenez le vol Katmandou-Lukla.

Levé à six heures du matin, je m'efforce de boucler mon sac sans excès, prenant sur moi tous les objets – thermos, carnet, lampe torche, etc. – que mon blouson peut contenir. Devant le miroir de ma salle de bains, je ressemble à un Bibendum. Pas le choix : le poids des bagages destinés à la soute faisant l'objet d'un contrôle drastique, il me faut limiter ma charge au maximum.

Dans la fourgonnette qui me conduit à l'aéroport, je règle ma montre à l'heure locale. L'aube s'annonce. D'épais nuages assombrissent le ciel.

En temps normal, je n'ai pas peur de l'avion. Aravinda Manesh, le patron du Lalitchandra, s'est efforcé de me rassurer dans le dernier mail qu'il est parvenu à m'envoyer : la plupart des pilotes sont *très* expérimentés. À mesure que l'heure du décollage approche, pourtant, et tandis que nos bagages sont pesés, une angoisse irrésistible me tord les entrailles. Il faut le reconnaître : le vol que je m'apprête à emprunter est assez particulier. Aménagée au creux des montagnes, la piste de Lukla se résume à un étroit plateau incliné. À une extrémité, un ravin de mille mètres ; à l'autre, le flanc d'une montagne. Le périmètre de survie est restreint.

Dans la salle d'attente bondée, j'observe mes compagnons d'aventure – alpinistes chevronnés en majorité, mais je note aussi un homme en duffle-coat, caché derrière d'épaisses lunettes de soleil. Une jeune femme l'accompagne, sanglée dans un manteau à revers de fourrure. Elle mâchonne son chewing-gum avec une sorte de hargne anxieuse.

Ouverture des portes. Les jours de chance, comme aujourd'hui, les vols vers Lukla sont assurés par des petits avions de type Twin Otter, capables de transporter vingt passagers et neuf cents kilos de fret. En d'autres occasions, ce sont de vieux hélicoptères russes qui se chargent du voyage.

Une heure durant, prisonniers de la carlingue, nous attendons le signal du départ. Dans la mesure où notre appareil survole une zone montagneuse handicapée par des conditions météo capricieuses, aucun risque inutile n'est pris par les autorités, et il n'est pas rare que le brouillard ou le vent empêchent tout mouvement pendant des jours. Après d'âpres discussions avec la tour de contrôle, notre commandant de bord – un homme d'une trentaine d'années qui, pour ce que j'en sais, pourrait tout aussi bien diriger un bowling dans l'Arkansas – décide néanmoins que nous pouvons partir.

Au terme d'un bref tour de piste dont personne ne comprend l'utilité, nous décollons enfin. Tout le monde, même le type aux lunettes de soleil à qui sa petite amie se cramponne, a dorénavant le nez collé au hublot. Nous survolons des montagnes en terrasses, des rivières ondoyantes, des forêts ténébreuses, des villages de poupées, reliés les uns aux autres par des sentiers lilliputiens.

Au bout d'une quarantaine de minutes, le commandant de bord, seul aux manettes, enjoint aux passagers d'attacher leurs ceintures. La mienne est hors d'usage. Nous nous engouffrons dans la vallée. De chaque côté, des parois vertigineuses montent à l'assaut du ciel. Elles se rapprochent, se resserrent, se rejoignent. Murmures d'appréhension à ma gauche. Droit devant nous, la piste de Lukla s'annonce : fantastiquement étriquée. Mes mains agrippent les accoudoirs. J'essaie de me convaincre que notre pilote sait ce qu'il fait.

Vainement.

La piste est trop courte. Jamais nous n'arriverons à atterrir là-dessus.

Nous y sommes presque.

Premier choc, hurlements à bord. L'avion touche le sol, cahote, rebondit. Décidé à faire ma part, je freine des deux pieds. Seul le type aux lunettes demeure impassible. Indifférent aux glapissements de sa petite amie, il sort une cigarette de sa poche. Un crissement nous perce les tympans. Notre avion s'arrête *in extremis* en bout de piste. En sortant, plusieurs passagers se signent. D'autres tombent à genoux. Nous sommes en vie, et les nuages ont disparu.

Nous déambulons sur le tarmac. La piste d'atterrissage évoque vaguement une route départementale. Altitude ? 2 840 mètres. De part et d'autre, quelques baraquements aux toits bleus et verts s'accrochent aux contreforts. Un vent glacé nous fouette le visage. Partout autour de nous, des sommets enneigés bouchent l'horizon.

Très vite, de nombreux porteurs au teint foncé viennent nous aborder. Une jeune femme coiffée d'une casquette militaire s'avance. « Vous allez chez Ari, non ? » Assentiment. Elle montre l'homme aux lunettes de soleil et sa compagne. « Eux aussi. »

Bientôt, il ne reste plus que nous quatre. Le couple ne me prête aucune attention. Le signal du départ est donné par notre guide. Un sentier de terre battue serpente entre les gîtes et les maisons de thé. Claquant au vent, une longue pièce d'étoffe clouée à un mât de prière salue notre passage. Bienvenue au cœur du pays sherpa. Bienvenue au Népal.

Descente jusqu'à Phakding, 2 570 mètres d'altitude. Deux heures de route au mieux. Les maisons de pierre grise, aux fenêtres peintes de couleurs vives, composent une mosaïque bariolée au pied des falaises. Chemin faisant, nous croisons des expéditions d'alpinistes. La petite amie de l'homme aux lunettes noires poursuit la guide de ses questions. « Il paraît que Steven Spielberg est déjà venu ici deux fois, info ou intox ? » La jeune femme garde le silence. Plus tard, bien plus tard, elle s'arrête, désigne une enseigne – deux croissants de lune entrelacés.

« Le Lalitchandra, annonce-t-elle ; nous sommes arrivés. » Puis, rajustant sa casquette : « Steven nous a rendu visite à quatre reprises au cours de ces deux dernières années. Notre existence n'est un secret pour personne mais nous ne recourons guère à la publicité. Nos tarifs parlent pour nous. »

D'apparence modeste, la maison en pierre du Lalitchandra est contournée par la gauche, comme il sied d'ordinaire aux bâtiments sacrés. À l'intérieur : quelques tables en bois brut, des nappes de coton blanc, des couverts en argent.

Un homme sort des cuisines, tend la main au type à lunettes (« Monsieur Gallagher, s'exclame-t-il dans un anglais amusant, rehaussé d'une pointe d'accent hindi, c'est un réel plaisir que de vous accueillir parmi nous ! »), effleure de ses lèvres les doigts de sa petite amie puis s'incline devant moi, main sur le cœur. Ari sait pourquoi je suis là ; il sait aussi que je ne paierai pas trois mille dollars pour son menu ; il n'en a pas moins accepté de me recevoir. « Je ne refuse jamais l'entrée de mon établissement aux gens qui me plaisent, déclare-t-il en me conduisant à une petite table qui donne sur les montagnes. Vous avez bien fait d'essayer. Par ailleurs, l'argent est rarement un problème : je vous ai préparé un menu dégustation avec de très raisonnables portions. Non, ne dites rien, c'est tout à fait normal. Vous vous êtes déplacé jusqu'ici, et votre projet mérite qu'on le soutienne. »

Tirant une chaise, il s'installe à mes côtés tandis que je prends mes premières notes. D'envoûtants parfums d'épices s'échappent de la cuisine : curcuma, me semble-t-il, gingembre et coriandre, mêlés à d'autres senteurs fleuries, sucrées, magiques. Ari est né à Calcutta il y a quarante-neuf ans. Il a officié dans certaines des plus prestigieuses maisons du monde : le Chateaubriand en France, le Calandre en Italie, le Vendôme en Allemagne, le Noma au Danemark. « Ma clientèle, m'explique-t-il avec un sourire rusé, est composée à 90 % d'hommes très fortunés et à 10 % de milliardaires. Il y a des vedettes du show-biz, comme Liam Gallagher ici présent, ou Bono, ou Madonna ; des gens du cinéma, Tim Burton, Christopher Nolan, et plusieurs grands noms asiatiques ; quelques sportifs mondialement connus, pilotes, footballeurs, joueurs de tennis ; et puis les inévitables hommes d'affaires : Japonais. Américains. Russes. Récemment, j'ai accueilli une star de Bollywood – je crains que son nom ne vous dise rien, à moins que vous ne soyez un spécialiste. J'ai également reçu le fils d'un magnat du pétrole venu des Émirats arabes. Et un riche financier français en voyage de noces.

— Ces gens viennent donc exprès pour votre restaurant ? Ils mangent et… ils repartent ?

— Certains vont se promener dans les montagnes de la région. Ils prennent des guides, des hélicoptères, des porteurs. En règle générale, toutefois, quand on mange au Lalitchandra, on ne pense pas forcément à escalader l'Everest la minute d'après.

— Et vous faites auberge aussi.

— Nous faisons auberge. Mais l'accueil est spartiate. Paillasses, bassine en cuivre, toilettes sur le palier. Ma spécialité à moi, c'est la restauration. Le reste, je m'en moque.

— Spielberg a dormi ici ? »

Ari fait craquer ses jointures. « Il dort ici chaque fois. Difficile de faire autrement. Il n'y a qu'un vol par jour pour Katmandou lorsque les conditions sont bonnes.

— Et alors ?

— Il ne se plaint pas. Il trouve ça, comment déjà ? Inspirant. »

Mon hôte m'a quitté un instant pour aller s'entretenir avec Liam Gallagher et, sans doute, lui parler du menu.

Difficile de dire si le Lalitchandra est le restaurant le plus inaccessible au monde. Au palmarès de l'étrangeté, en tout cas, il a sa place sur le podium. De retour à ma table, Ari me tend une carte dépliée et s'assied pour observer ma réaction.

Les noms de plats se détachent en lettres gothiques.

Curry d'impala au miel gascon

Filet de cœlacanthe au sel d'Himalaya

Éminçé de lion blanc aux algues des Mariannes

Ailes d'exocet fumées dans leur panse de requin-marteau

Fugu du roi préparé à l'indienne et ses filaments de bolet de Satan

J'arque un sourcil. « Les prix ne sont pas indiqués.

— Ils fonctionnent avec un tarif plafond. Chacun est libre d'apprécier l'originalité des mets et la rareté des ingrédients à leur juste valeur. »

Sur un plan financier, c'est simple à comprendre : à votre bon cœur, messieurs les richissimes. Pour le reste, les questions se bousculent. Ce lion blanc, par exemple. Comment peut-on se procurer du lion blanc ?

Aravinda Manesh croise les bras. Un accord secret a été passé avec un zoo français. L'animal est mort accidentellement. Et les quantités sont homéopathiques. Voici un plat, de toute évidence, destiné à ne figurer qu'une semaine à la carte. « Il me reste moins de six cents grammes de viande au congélateur. »

À moins de l'exiger expressément, on ne mange jamais deux fois la même chose au Lalitchandra. Ari s'est spécialisé dans les associations exotiques (truffe kenyane au sirop d'érable, serpent de mer persillé, foie d'émeu et son sorbet d'andouillette) et les gourmandises supposées létales : outre le fameux fugu « en confiance », la carte a déjà proposé une fricassée de méduse-boîte, une purée maison assaisonnée au venin de crotale, une poêlée d'amanites au sauternes, etc. Les desserts ? Crème blanche aux rognons et au lait de yack, ces jours-ci, cake aux pépites de sauterelles, profiteroles « grand-mère » et leurs pétales de digitaline. « La plupart des convives s'en remettent à mon jugement, me rassure mon hôte. En d'autres termes, je choisis pour eux et je leur explique ensuite ce qu'ils ont mangé. Certains ne veulent surtout pas savoir. Ils disent que ça leur gâcherait le plaisir. »

Et les vins ? « Le cruchon de la maison provient d'une vigne népalaise voisine. Je possède un Yquem 1784 et quelques bouteilles de Montrachet 1978 ou de Mouton Rothschild 1945 en réserve. James Cameron a laissé trente-cinq mille dollars la dernière fois qu'il est venu. Il s'est montré particulièrement enjoué. »

Les cuisiniers, poursuit-il, sont recrutés dans le monde entier. « Je voyage énormément : trois ou quatre mois par an. Nous fermons au milieu de l'hiver, et j'en profite pour faire le tour du globe. Je visite les restaurants des autres. Lorsqu'un apprenti me plaît, je lui envoie une proposition par courrier avec mon numéro de portable. Notre taux de *turn-over* est impressionnant. Il ne s'agit pas d'un travail anodin. Bien sûr, le salaire est à l'avenant. Mais les conditions peuvent dérouter : il faut aimer le froid, les distractions sont rares. Ce que je demande à mes employés, c'est avant tout le goût du danger. Nous remettons notre réputation en jeu quotidiennement. Sans parler du risque que nous faisons courir à nos clients. Les gens le savent quand ils franchissent ma porte. Pour certains plats, je fais signer une décharge. Je goûte à tout personnellement mais j'ai l'estomac résistant, ce qui n'est pas le cas de tout le monde. Angelina Jolie a perdu connaissance dans cette salle. Entre autres actrices. »

Mes assiettes arrivent. Les portions, comme prévu, sont infinitésimales. Le résultat ? Indescriptible.

Tofu frit à la coriandre dans sa panse de kangourou femelle. Compotée de gambas fraîches au chocolat des Andes. Brochette de buthiscus bicalcaratus marinée au lambrusco.

Installé à la table voisine, où il fait ses comptes, Ari surveille mes réactions du coin de l'œil. Les rares articles qui lui sont consacrés dans la presse gastronomique décrivent un homme passionné mais secret, vivant comme un ermite et gardant sa cuisine sous cadenas. « Plutôt ridicule, commente l'intéressé en m'apportant mon dessert. Je partage mes recettes avec qui en fait la demande. Il se trouve que la demande n'est formulée que de façon très occasionnelle ; j'imagine que la nature des ingrédients est en cause. Je possède des contacts uniques à travers le monde, capables de dénicher des produits plus uniques encore. Mais les recettes en elles-mêmes ne sont pas si complexes. Je conçois la cuisine comme une entreprise militaire. Je provoque des explosions, des affrontements, des conflits contre nature. Je suscite l'effroi et le choc. La différence, c'est que personne ne meurt à la fin. Les gens restent seulement en état de choc. Ils ne comprennent pas ce qui leur est arrivé. Vous allez bien ? »

Je repose ma fourchette. Ce fromage de vigogne et son coulis de grenades naines est un ravissement sans nom.

À l'autre table, Liam Gallagher grignote un kougelhof à l'huile de lin tartiné d'une fricassée de murène. Sa compagne sirote une eau minérale.

Ari est posté à la fenêtre. Un soir charbonneux envahit la vallée. Demain matin, un nouvel avion se posera à Lukla, chargé de victuailles commandées aux antipodes. « L'acheminement me coûte les yeux de la tête, reconnaît le chef en s'ébouriffant les cheveux. Malgré les sommes considérables laissées par mes clients, je rentre à peine dans mes frais. »

Abandonnant ma serviette sur un coin de la table, je m'aventure au-dehors. Une bourrasque glacée m'accueille. Ari, qui a disparu en cuisine pour s'occuper du dessert de Liam Gallagher, finit par me rejoindre, toque à la main. Le silence plane sur la montagne. Jamais je n'ai ressenti une telle impression d'isolement. « La solitude ne vous pèse pas ?

— Je l'ai choisie, répond mon hôte après un moment de réflexion. Le tourbillon du monde, les étoiles des guides, la compétition acharnée : je ne supportais plus. Autrefois, l'agitation me stimulait. Maintenant, elle me sclérose. Ce que je veux ? Étonner les gens. Les surprendre, les ravir, les faire pleurer. Il y a quelque temps, Michael Jordan a fondu en larmes devant son entrée : c'était une salade de chameau et de fleurs de lotus, assaisonnée d'un vinaigre de Modène napoléonien. Voilà ce qui m'intéresse. Mes clients ne viennent pas chez moi pour être vus. Ils viennent pour être tranquilles et recevoir ce que nous avons à leur offrir. La cuisine ne devrait être que cela, idéalement : un présent. Le mois dernier, Martin Scorsese s'est invité à déjeuner et il n'a pas payé un cent. En revanche, il m'a fait cadeau d'un hélicoptère – j'ai reçu le bon de livraison avant-hier. Martin sait que j'aime être surpris, moi aussi. »

Une rafale balaie la neige à nos pieds et un vent poudreux se lève. Les yeux de mon hôte sondent la pénombre. Je le sens inquiet, sur le qui-vive.

Je sais que cet homme a eu maille à partir avec l'establishment gastronomique international. J'ai étudié sa biographie, avant de venir. Il y a sept ans, l'un de ses restaurants à Dehli a perdu une étoile dans un guide prestigieux (pour « défaut d'humilité culinaire », précisait le commentaire), et il a bien failli ne jamais s'en remettre. Insatisfait chronique, chercheur infatigable, tête brûlée mélancolique : toutes ces formules conviennent peu ou prou à Aravinda Manesh. Aucune, néanmoins, ne permet de cerner sa personnalité véritable, ni de comprendre la genèse du Lalitchandra. Assis sur le perron, mon hôte se laisse aller aux confidences. « Mon père et moi étions déjà venus ici, dans les années soixante-dix. Mon père pratiquait l'alpinisme. Il s'est tué, quelque part dans les montagnes. Je n'étais pas avec lui lorsque c'est arrivé. J'avais jeté l'éponge la veille. » Il désigne le point culminant. « Son corps repose là-haut, au milieu des neiges éternelles. »

Le lendemain matin, dès l'aube, j'accompagne Ari à Lukla pour la réception des denrées. Ponts suspendus, temples perdus, bicoques à flanc de falaise – un chemin de traverse en ascension continue. Liam Gallagher et sa compagne dorment encore.

« Ce vol de Katmandou est l'un des moins sûrs au monde, confirme Aravinda Manesh, qui ouvre la marche : je ne vous dirai pas le contraire. Chaque voyage est un pari. Il y a déjà eu deux ou trois crashs, mais jamais avec des passagers occidentaux, et jamais avec des alpinistes de renommée internationale, ce qui fait que tout le monde chez vous l'ignore. Un jour, on s'en doute bien, l'irréparable se produira. Ils suspendront la ligne, alors.

Ils se pencheront sur les réglementations, attaqueront le système, m'infligeront des taxes et une attente que je ne pourrai supporter. »

Aux environs de Nurning Ghat, devant une enfilade de moulins de prière, nous nous accordons une pause. D'un regard, j'embrasse les montagnes qui nous cernent. « C'est un endroit magnifique, admets-je. Mais ne serait-il pas envisageable de vous installer ailleurs, si le besoin s'en faisait sentir ? Un endroit moins dangereux ? Une île, je ne sais pas ? Une île lointaine et peu connue ? Un pays reculé ?

— Je comprends votre étonnement. Il se trouve, contrairement aux apparences, que l'isolement n'est pas ce que je recherche au premier chef.

— Non ? »

Il ouvre son sac et en sort une gourde dorée qu'il me tend sans mot dire. Dubitatif, j'inspecte l'objet avec attention. Les mots CHHUSERMA KHOLA sont gravés autour du goulot en petites capitales. « Buvez », dit Ari.

Je m'exécute.

C'est de l'eau – ce n'est « que » de l'eau – mais l'absence de goût est extraordinaire. C'est une sensation qu'il est difficile de traduire par le langage. J'ai l'impression d'avaler de l'air, de l'air glacé à consistance liquide. Rien ne reste en bouche, et c'est ce rien qui fait tout.

Je restitue la gourde à son propriétaire. L'expérience pourrait s'apparenter à une illumination zen : connaissance du néant.

C'est loin d'être aussi effrayant qu'on veut bien le penser.

« Chhuserma Khola est le nom d'une rivière locale, m'apprend Ari. Elle prend sa source là-haut, personne ne sait où, et les gens normaux s'en moquent. Mais mon père n'était pas très normal, précisément. Il cherchait l'origine. Chhuserma Khola, cette rivière entre toutes. Pourquoi elle ? Je ne suis pas sûr qu'il existe une raison. Il est mort en pleine quête. Au-dessus des nuages, j'imagine, gelé à genoux devant le point alpha. » Il se racle la gorge. « Cette eau que je sers dans mon restaurant, c'est l'eau de mon père, mise en bouteille à sa mémoire. Quand on pense que les Américains sont prêts à payer cinq dollars pour un demi-litre de *Fidji*... On pourrait vendre celle-ci dix fois plus cher. Chhuserma Khola : meilleure que tout, meilleure que l'eau des icebergs. J'ai reçu des propositions étonnantes. Des fonds de pension, des chaînes de télé. Tom Cruise veut investir six millions de dollars. Comme si cette rivière pouvait appartenir à qui que ce soit. Ici, en été, les bergers s'accroupissent, leurs enfants aussi, et Chhuserma Khola ruisselle entre leurs mains, et puis les bêtes viennent et s'abreuvent. L'eau de mon père. Certains de mes clients ne font le voyage que pour elle ; je ne pourrais jamais en servir d'autre. »

Rangeant sa gourde dans son sac, il jette un œil pensif aux sommets. Légers et dérisoires, à l'abri de la vallée, nous nous remettons en route.

Midi, le lendemain : l'heure du départ. Avec Rajendra, un Anglo-Népalais responsable de la tour de contrôle (une simple maison à toit rouge, équipée du minimum électronique vital), nous discutons à bâtons rompus. Lui aussi convient qu'un accident majeur finira par se produire : les conditions d'atterrissage sont trop problématiques. Il nous précède sur la piste. « Nos pilotes ne sont que des êtres humains, rappelle-t-il. Le jour où un drame nous frappera, les gens apprendront à nous situer sur une carte. Et ce ne sera pas une très bonne nouvelle. »

Il m'administre une bourrade virile. Ari, lui, se contente de me serrer la main. Nous promettons de nous écrire.

La porte de notre appareil vient de se refermer. Liam Gallagher, monté en dernier avec sa petite amie, ôte pour la première fois ses lunettes de soleil. C'est une journée magnifique, dans l'un des endroits les plus reculés de la terre.

Avec un grondement enthousiaste, notre avion s'élance sur la piste. D'ici une dizaine de secondes, ses roues quitteront le sol. Jugeant le moment opportun, je sors le petit flacon dont mon hôte m'a fait cadeau : vingt centilitres de Chhuserma Khola.

Je ne l'ouvre pas.

Aravinda Manesh a raison, son restaurant ne peut se passer de cette eau. Elle est le contrepoint indispensable à la folie de son inspiration culinaire : ce qui lui donne un sens.

Voilà, nous volons de nouveau. Cette fois, j'ai bouclé ma ceinture. Je regarde au-dehors. Le temps est clair, les manœuvres audacieuses. Bientôt, nous survolerons Phakding et sa rivière d'argent.

J'adresse une prière aux dieux de l'altitude. Rien de palpitant – personne ne souhaite mourir dans un crash d'avion – mais je ne pense pas à moi en cet instant. Ari me paraissait très fatigué, hier. Le défi qu'il s'est lancé exige une énergie de titan. Malgré les primes qu'il leur verse, ses employés l'abandonnent au bout de six mois en moyenne. L'entreprise est sublime ; son équilibre fantastiquement précaire.

Sans raison particulière, Liam Gallagher m'adresse un signe de tête. Il a bu de cette eau, lui aussi. Il *sait*.

Que cet avion s'écrase, aujourd'hui ou dans dix ans, et le plus fabuleux restaurant du monde ne sera plus qu'un rêve figé dans la glace.

Cent pour cent des perdants…

Malmö, Suède, un soir de novembre. Les vitres sont blanches ; une tempête de neige s'est abattue sur la ville.

Kirstin ébouriffe son imposante tignasse blonde et dépose son bonnet de laine sur la table, à côté de son chocolat chaud. Ses grands yeux verts pétillent d'une joie juvénile. « Je ne suis pas sûr de comprendre pourquoi vous voulez me voir, mais c'est cool d'être venu. » À 19 ans, la jeune fille est décrite par ses amies et ses trois sœurs aînées comme « incroyablement gentille » et « perpétuellement enthousiaste ». Je commande un café, lui montre mon enregistreur. « Je subodore que ce n'est pas la première fois que vous vous faites interviewer.

— Bingo. »

Elle lève sa tasse, joyeuse. Lors de notre premier contact téléphonique, elle s'est révélée fort coopérative. D'aucuns auraient choisi le silence. Kirstin est d'une autre trempe. « J'ai la faiblesse de croire que mon histoire peut amener les gens à changer leur point de vue sur les choses. Pour certains, je suis la fille la plus stupide de l'univers. Ce genre de qualificatif me convient. Le monde est assez raisonnable comme ça, vous ne trouvez pas ? »

Elle rit : le genre de personne avec qui l'on se sent immédiatement à l'aise. « Je ne vous ai pas fait venir ici sans raison, poursuit-elle. C'est de ce café que tout est parti. Vous voyez l'officine, de l'autre côté de la rue ? Bon, vous ne pouvez pas, à cause de la neige, mais peu importe : c'est là que j'ai validé mon billet.

— Pouvez-vous me parler des numéros, d'abord ? De ce qui a motivé votre choix ? »

Elle acquiesce. « Je jouais depuis six mois. Comment étais-je tombée là-dedans ? Aucune idée. Personne ne joue dans ma famille. Je misais toujours sur les mêmes numéros. Il y en a six dans le Viking Loto, de 1 à 50, plus deux complémentaires. Je faisais comme tout le monde : je choisissais des symboles, des chiffres porte-bonheur. Les dates de naissance de mes trois sœurs, la date de mariage de mes parents. Mon âge d'alors – 18. Et puis 7 : le jour où j'avais rencontré mon petit ami. Sauf que nous ne sommes plus ensemble aujourd'hui. »

Elle rit encore, toussote. « Les seuls numéros que je jouais au hasard, c'étaient les complémentaires. Je les changeais chaque fois, au gré de mon inspiration. Je ne me souviens même plus de ceux que j'ai choisis cette fois-là. De toute façon, ils ne sont pas sortis. 4, 7, 17, 18, 24, 30 : les vrais nombres, c'étaient eux. »

Je sirote mon café. Notre jeune étudiante en médecine est perdue dans ses pensées. Derrière nous, en hauteur, un écran LCD diffuse un vidéoclip. Kirstin le pointe du doigt. « Les résultats sont apparus là-dessus, sur un bandeau défilant. J'avais joué dix minutes avant la fermeture des paris. Tout de suite après, je suis retournée à la fac, qui se trouve à deux pas. Et je suis revenue ici deux heures plus tard. Je m'installais fréquemment dans ce café pour travailler, à l'époque, parce que ma tante habitait à la maison pour quelques mois. Avec mes deux cousines, il y avait vraiment trop de bruit à la maison. Bref. Je me suis assise à cette place, afin de pouvoir garder un œil sur l'écran. Je faisais ça mécaniquement. Je n'ai jamais pensé gagner. Vous avez beau savoir que c'est possible en théorie, vous ne l'intégrez pas – en aucune façon. Lors du tirage, malgré tout et comme chaque fois, j'ai relevé la tête. Les résultats passaient en boucle. Je n'ai pas fait le rapprochement tout de suite. Je me souviens avoir pensé : "Tiens, ce sont mes chiffres." Mais je n'ai pas véritablement *compris*. C'est quand ils ont annoncé la somme que j'ai commencé à réaliser.

— À combien s'élevait cette somme ?

— 1 760 000 euros. 18 000 000 couronnes suédoises.

— Et vous étiez la seule gagnante.

— Oui. J'ai regardé mon billet, j'ai regardé l'écran, j'ai regardé mon billet, etc. Je refusais l'évidence. Ça ne pouvait pas être aussi simple. Je me souviens m'être levée et être allée aux toilettes. Je me souviens être restée devant la glace. Ce reflet qui me contemplait, ce n'était pas moi : c'était une jeune fille ahurie qui essayait de me sourire. Je suis ressortie. Il fallait que je partage ça avec quelqu'un. Mes parents, mes sœurs. Je ne me sentais pas le droit d'y croire. J'ai laissé cent couronnes pour le café et, une fois dehors, j'ai hélé un taxi. Je ne prends jamais le taxi d'habitude. Une voiture s'est arrêtée. Je suis montée comme un automate et j'ai donné mon adresse. Le chauffeur a allumé la radio. C'était du Satie, j'ai reconnu le morceau. Je me suis concentrée sur ma respiration. Dix-huit millions de couronnes. Assez pour consacrer une existence entière à l'oisiveté. Était-ce ce que je voulais ? Non, bien sûr que non. Mettre les miens à l'abri ? Mes parents étaient tous deux ingénieurs, ils gagnaient plus que correctement leur vie. Quant à mes sœurs, je savais qu'elles refuseraient. Alors quoi ? Voyager ? Oui, j'allais faire des voyages. Mais pas pour rien. J'allais aider des gens. La chance ne survient pas sans raison. »

Le cafetier s'arrête, demande si nous avons fini. Kirstin commande un autre chocolat et se gratte le crâne. Son regard pétille toujours. « En moins de dix minutes, j'avais élaboré un plan d'action. J'allais me rendre au Sierra Leone, le pays le plus pauvre du monde, meurtri, avais-je récemment appris, par une décennie de guerre civile, et j'allais construire une école. Enfin, pas toute seule. Disons que j'allais financer le projet. Après ça, le Cambodge. Pas d'idée précise concernant le Cambodge mais j'étais certaine de trouver une fois sur place. Machinalement, j'ai regardé par la vitre. Tout me paraissait beau, facile, naturel. J'ai plongé ma main dans la poche de ma veste pour y reprendre mon billet.

— Et il ne s'y trouvait plus.

— Il ne s'y trouvait plus. J'ai fouillé l'autre poche. J'ai fouillé les poches de mon jean. J'ai retourné ma veste. J'ai vidé le contenu de mon sac sur la banquette. Fouillé ma veste encore. Et mon jean. Et les doublures de mon sac. Et ma veste. Je devenais folle. Je me suis arrêtée pour réfléchir. J'ai passé toutes les hypothèses en revue. Dix fois, en moi-même, j'ai reconstitué le trajet, m'efforçant de me remémorer chaque pas, chaque seconde. Je ne comprenais plus. Et tout à coup… Quelque chose m'est revenu en mémoire. Quelque chose de terrible et de définitif. Je me suis mordu les lèvres. Oui, j'avais bien sorti mon portefeuille quand le taxi s'était garé, histoire de vérifier que j'avais assez d'argent. Or, mon portefeuille était glissé dans la même poche de veste que le billet. Le billet avait dû s'échapper à ce moment-là, c'était la seule explication. Un instant, j'ai cru que j'allais vomir. J'ai demandé au taxi de faire demi-tour.

— Vous êtes revenue sur place ?

— Oui. Pour ne rien arranger, il neigeait très fort, plus fort qu'aujourd'hui. Au fond de moi, je savais que je ne retrouverais pas mon billet, que personne ne le retrouverait jamais. Mais j'étais là, à genoux dans la neige, raclant le trottoir, glissant mes bras dans les bouches d'égout, incapable de m'arrêter. Il a dû me falloir une bonne heure avant d'admettre que le billet était perdu. Alors, seulement, je me suis mise en colère. Contre moi-même.

— Et le taxi ?

— Oh, je l'ai réglé. Et j'ai regagné mes pénates à pied. Je n'étais pas désespérée. C'était pire que ça. Je titubais, je marmonnais, je sanglotais. Vous n'imaginez pas les pensées qui m'ont traversé l'esprit.

— Quel genre de pensées ?

— Des folies. Mourir. Voler cet argent. Me retirer du monde. J'étais devenue folle, à enfermer. Qu'allais-je raconter aux miens ? Comment garder pour moi ce qui s'était passé ? Je me suis mise à rire toute seule.

— Ça n'allait pas fort.

— J'étais devenue un zombie. J'ai marché deux heures, trois peut-être. Au cœur d'une tempête de neige. Je ne me rendais plus compte de rien.

— Et juste avant de rentrer chez vous, vous avez rencontré cet homme…

— Oui. Un pauvre bougre. Trente ans à peine. Assis dans la neige, avec un chien à son côté, sur un carton détrempé. »

Elle porte sa tasse à ses lèvres et m'observe sans ciller, comme pour juger de l'effet produit par son récit.

Je connais déjà une partie de la suite. Les journaux suédois, qu'un ami a traduits pour moi, en ont fait leurs choux gras pendant un temps. La millionnaire malchanceuse. L'étourdie magnifique. Un sujet de plaisanterie national. Mais les gens n'ont pas ri très longtemps. Il arrive qu'une histoire se trompe de personnages.

« Je me suis accroupie devant lui, reprend Kirstin. Il faisait un froid polaire. Cet homme courait un grand danger. Je voulais lui proposer mon aide. Il me fixait, avec ses cils ourlés de givre, et le chien grognait. Je lui ai parlé ; il n'a pas répondu. J'ai voulu toucher son cou pour vérifier qu'il respirait encore mais j'ai retiré ma main aussitôt : sa peau dégageait une chaleur intense. Je me suis relevée, tremblante. Pendant quelques secondes, j'avais oublié le Loto et le reste. L'homme ne bougeait pas. Je me suis éloignée à reculons, puis j'ai fait volte-face et j'ai pris mes jambes à mon cou.

— Il était mort ?

— C'est amusant, remarque-t-elle, d'employer ce verbe au passé. »

Rentrée chez elle, Kirstin relate ce qui lui est arrivé, sans dire un mot du clochard. Ses parents l'écoutent sans broncher. Cinq minutes plus tard, tout le monde est dehors. Direction : l'arrêt de taxi. « Mon père restait muet, se souvient la jeune fille, mais son silence parlait pour lui. Il avait honte : honte de ma bêtise, et honte du sentiment de honte que je lui inspirais. Nous étions tous à quatre pattes dans la neige, occupés à chercher ce fichu ticket. “Je ne peux pas y croire, répétait ma mère. Je ne vous demande même pas de me pincer.” Ma tante et mes cousines étaient là, elles aussi. En leur compagnie, nous avons fouillé le périmètre jusqu'à deux heures du matin : un vrai bataillon des chiffonniers ! Les rues étaient désertes, nous étions trempés. “Quand je pense, rugissait mon père, qu'un abruti de service va tomber sur le jackpot !” Mais ses craintes étaient infondées, naturellement : à supposer que quelqu'un le trouve, personne ne ferait le rapprochement entre mon ticket tout mouillé et les dix-huit millions de couronnes. À moins que… ? À deux heures pile, mon père s'est relevé et a proposé que nous jetions l'éponge. Tout le monde était plus ou moins soulagé. N'empêche que je n'ai pas dormi cette nuit-là. Ni les suivantes, d'ailleurs. Le lendemain matin, nous avons allumé la radio. Nul ne faisait mention d'un ticket de Loto trouvé. J'ai appelé le standard de la loterie dès l'ouverture. Je leur ai présenté le problème avec tout le calme et la mesure dont j'étais capable. La dame qui m'a répondu était assez peu agréable. Des coups de fil comme le mien, m'a-t-elle expliqué, elle en recevait dix par jour – cinq fois plus quand les gains dépassaient les dix millions. *A contrario*, il arrivait parfois qu'un gagnant ne se manifeste jamais. Auquel cas les sommes étaient remises en jeu. J'ai fermé les yeux. Quand elle a eu terminé, je lui ai demandé quels étaient mes recours. "Avez-vous une preuve tangible de ce que vous avancez, mademoiselle ?" Pas la moindre, ai-je songé, surprenant le regard de mon père. J'ai raccroché. C'était fichu. »

Quelques heures plus tard, cheminant tête basse, Kirstin retrouve le clochard de la veille : elle l'avait, selon ses propres termes, « complètement oublié ». Un soleil exsangue s'est hissé au-dessus de Malmö. C'est une autre rue, mais la position de l'homme est en tous points identique à celle de la veille. Une fois encore, la jeune fille s'accroupit. Le chien attend, langue pendante. « Monsieur ? »

Kirstin fait tourner sa tasse entre ses mains. « Ce que je voulais, c'était retrouver cette chaleur. De nouveau, j'ai avancé une main. Sans aller jusqu'au bout, cette fois.

Quelque chose me retenait. J'ignore quoi. Le jeune homme était figé. Pour ce que j'en savais, une rafale aurait pu balayer le trottoir et l'emporter tel un tas de cendres. »

Elle détourne les yeux. Inutile de la questionner plus avant. Certains épisodes de nos existences – certains soupirs – se passent d'explications.

La jeune fille poursuit. « J'étais si fatiguée, si dégoûtée de moi-même. Je me suis relevée. Le chien a fait de même. Pour finir, et alors que j'avais pris la résolution de me rendre à la fac, j'ai fait demi-tour et je suis rentrée chez moi. »

Kirstin a changé : ses parents le comprennent dès qu'elle franchit le seuil de la porte. Elle rappelle la direction de Viking Loto, se fait confirmer ce qu'elle sait déjà puis, sans transition, interpelle les principaux médias du pays.

Elle expose son histoire. Elle cite des témoins. Plus tard, l'homme qui lui a vendu son billet confirmera ses dires : oui, il se souvient très bien d'elle – ils ont même parlé des chiffres qu'elle avait joués. Et puis ces gens au café. Des clients catégoriques. Les poings serrés de Kirstin. « Quand les numéros ont eu fini d'être donnés, racontera une jeune femme, j'ai cru qu'elle allait s'évanouir. »

Évidemment, parler de preuves serait très exagéré, et la direction du Viking Loto ne saurait se satisfaire de simples allégations. Il n'empêche. L'histoire de Kirstin est plausible. Plusieurs journaux s'y intéressent. Une chaîne de télé la contacte. Une semaine plus tard, devant des centaines de milliers de téléspectateurs, la jeune fille livre son histoire, avec simplicité et le plus honnêtement du monde.

« Au départ, reconnaît sa mère, je n'avais pas la moindre idée de ce qu'elle était en train de fabriquer. Espérait-elle se libérer ? Pour être franche, je trouvais que tout ce cirque ne lui ressemblait pas. Quand le présentateur lui a demandé ce qu'elle aurait fait de l'argent gagné si elle n'avait pas égaré son ticket, elle a regardé la caméra en face. "Je serai partie, a-t-elle déclaré. À la hauteur de dix-huit millions de couronnes, j'aurais tenté de changer le monde." L'autre ne paraissait pas savoir comment interpréter cette réponse. Il s'est contenté de hocher la tête. "Et maintenant ?" Ma fille a haussé les épaules. "Je vais essayer quand même." »

Dans les trois semaines suivant son passage à la télévision, Kirstin recevra par voie postale plus de cent cinquante mille couronnes de dons en chèques et en espèces.

Ce soir-là, sur l'ordinateur de mon hôtel, je me repasse la vidéo de son intervention et le réceptionniste, qui s'est proposé pour m'aider à traduire, confirme qu'à aucun moment la jeune fille ne demande d'argent. Que se passe-t-il donc dans la tête des donateurs ? Kirstin a sa petite idée. « C'est ce qu'on appelle la loi des grands nombres, assure-t-elle : sur la masse énorme des téléspectateurs, quelques-uns ont compris le sens de ma démarche avant que je le comprenne moi-même. Lorsque j'ai découvert le premier chèque dans ma boîte aux lettres, j'ai voulu le déchirer.

Ma mère m'en a dissuadée, m'a conseillé d'attendre. Au dixième don, mon point de vue a changé. Un déclic s'était produit ; j'avais compris qu'il n'y avait qu'une façon de tirer profit de cette situation. »

Un mois et demi après ces événements, Kirstin s'envole pour l'Afrique. Elle a promis son aide à une jeune institutrice d'Érythrée dont l'école a été emportée par une crue : tout est à reconstruire. « Une fois déduit le coût des matériaux et de l'équipement intérieur, raconte-t-elle, j'ai pris conscience qu'il me restait à peine de quoi me payer un billet de retour. Les murs ? Nous les avions bâtis de nos mains, cette femme et moi. Mais ce n'était pas suffisant. J'ai donc négocié une rallonge de cent mille couronnes auprès d'une banque de Stockholm, que j'ai remboursée l'année dernière en travaillant à temps partiel. Je me serais coupé une main si on me l'avait demandé. Je suis restée deux mois en Afrique. J'aurais tant voulu faire plus. Pour remercier ces gens, pour remercier la Providence. De retour en Suède, j'ai écrit personnellement à chacune des personnes qui m'avaient aidée et j'ai joint des photos de l'école reconstruite. Certaines personnes m'ont renvoyé de l'argent, d'autres m'ont proposé leur aide directe. L'année prochaine, nous partons au Bangladesh – nous serons six. Nous allons participer à la rénovation d'un système d'irrigation. J'ai trouvé un sponsor : un groupe agroalimentaire local. Ce n'est que le début, j'en ai bien conscience. Mais il faut se lancer. Croire en sa bonne étoile. »

Le bar ferme ses portes. Nous nous levons, Kirstin enfile son bonnet. « Quoi ? demande-t-elle, surprenant mon sourire. Je suis un lutin du Père Noël, c'est ça ?

— Seulement de dos. »

Sur le trottoir serti de neige, nous nous donnons l'accolade. La jeune fille me serre contre elle. « J'aimerais que vous parliez du clochard. Dans votre livre.

— Je le ferai.

— Pour le reste, recommande-t-elle, inutile d'en rajouter. Je suis le contraire d'une héroïne. Vous savez ce que je crois ? Je crois que je ne serais pas partie si j'avais gagné cet argent : ni en Afrique, ni ailleurs. J'aurais trouvé une excuse. Je serais devenue, comment dire ? Raisonnable, rationnelle, mortellement sérieuse. Le truc, c'est qu'il n'y a rien de sérieux dans ce qui m'est arrivé. Être heureux, ça s'apprend sans réfléchir. »

Écarter les murs

Visiter un établissement pénitentiaire russe n'est pas une expérience de tout repos. Située en plein cœur de Moscou, la prison de Butyrskaya a été construite en 1771, et rien ne semble avoir changé depuis cette époque. On raconte que Staline a passé du temps derrière ces murs durant ses jeunes années. On prétend que des membres de la famille impériale y ont été enfermés après la révolution d'octobre 1917. Près de trois mille cinq cents détenus y patientent aujourd'hui, entassés comme du bétail. « On ne le croirait pas, me confie un gardien d'un air las, mais c'est un véritable progrès : il n'y a pas si longtemps, ils étaient le double. »

Butyrskaya est désormais un centre de transition pour détenus en attente de procès. La durée de détention y dépasse rarement un an.

Modest Sergueïévitch Govoretski, que je suis parvenu à contacter *via* son avocat, est arrivé ici il y a trois ans : une exception. Il purge sa peine préventive dans l'aile la moins « inconfortable » du bâtiment. Contrairement à ses condisciples, il ne travaille pas et a le droit de prendre deux douches par semaine. Sa cellule, il ne la partage qu'avec deux autres détenus choisis par ses soins, tandis que certains dorment jusqu'à soixante dans la même pièce. Lorsque je lui demande ce qui justifie un tel traitement de faveur, un rictus moqueur se dessine sur ses lèvres. « Un vrai miracle, lâche-t-il, vous pouvez le dire. » Son avocat m'a prévenu : l'auto-apitoiement n'est pas la tasse de thé de Modest. « Si tout se passe bien, m'explique-t-il, et je ne vois pas pourquoi ce ne serait pas le cas, je serai dehors l'année prochaine. Nous misons sur une peine de quatre ans. J'ai déjà parcouru les trois quarts du chemin. Comme vous le savez, j'ai réussi à m'attacher les services du meilleur avocat de Moscou. »

Modest s'exprime dans un anglais châtié. Passant une main sur son crâne rasé, il observe les alentours avec attention. Il présente l'image d'un homme que rien ne peut déstabiliser. Nos seules discussions, nous les aurons ici, entre les murs du parloir – un local défraîchi où la plupart des détenus, vingt minutes durant, s'esclaffent et sanglotent.

Modest ne sanglote jamais et s'esclaffe rarement. Il parle d'une voix tranquille comme s'il avait tout le temps devant lui. Trente ans, et déjà célèbre. L'Arsène Lupin de Moscou, comme l'a surnommé un quotidien russe.

Le voici allumant une cigarette sous le panneau « Interdiction de fumer ». Un nuage opaque se désagrège contre la vitre. Le bleu vif de son regard me transperce.

« Je ne devrais pas être ici. J'attends mon procès depuis trois ans ; quelque chose me dit qu'ils hésitent, qu'ils ne savent pas comment s'y prendre. Officiellement, je vais être jugé pour vol de voiture. J'ai commis des actes plus importants (Modest ne prononce jamais le mot "grave", ou "excuse", ou "erreur"), mais les victimes ont retiré leur plainte. Bizarre, vous ne trouvez pas ? Sans me vanter, je crois que beaucoup voient en moi un prophète. Le système économique qui régit nos existences arrive en fin de vie. Je ne dis pas que le communisme était plus efficace, loin de moi cette pensée. Mais la corruption est partout de nos jours. L'écart entre les pauvres et les riches ne cesse de s'accroître. Il y a des gens, dans ce pays, qui ne savent plus comment dépenser leur argent. Ce n'est pas une expression, ils ne savent *vraiment* plus : trois jets, deux yachts, un sous-marin, et tous les Picasso déjà réservés. Ne plus être à même de rien désirer est une torture.

— Vous voyez-vous comme une sorte de Robin des Bois ? »

Un rire léger le secoue, disparaît aussitôt. « Pas le moins du monde. Je ne suis pas un idéologue. Je ne vole les riches que parce que ce qu'ils possèdent m'intéresse. Les pauvres n'ont qu'à se débrouiller. »

Modest Sergueïévitch Govoretski, raconte son avocat dans ses mails, est issu d'une famille moscovite aisée, marquée par la personnalité exceptionnelle de son patriarche, Anatoly Mikhaïlovitch. Mort il y a quatre ans, Mikhaïlovitch était un ancien officier rescapé des purges staliniennes, que certains soupçonnent d'avoir travaillé comme espion pour le gouvernement américain. Lorsque je l'interroge à ce sujet, Modest colle son front à la vitre. « Mon grand-père a vécu plus de dix existences. Alors espion, pourquoi pas. Mais il ne m'a jamais rien dit à ce sujet. Je sais qu'il a été emprisonné en Sibérie. Je sais qu'il s'est échappé, puis qu'il a retrouvé les faveurs du Parti en dénonçant un homme qui lui avait volé sa femme, avant d'épouser sa propre épouse. Par suite, mon grand-père a travaillé en tant qu'ingénieur des communications, pour l'armée d'abord, puis comme traducteur – il parlait neuf langues – et spécialiste en cryptographie. Il a également gagné sa vie comme footballeur professionnel sous les couleurs du CSKA Moscou au temps où celui-ci s'appelait encore CDKA. Il peignait à l'époque, jouait de la trompette et pratiquait l'escalade, le funambulisme, la lutte gréco-romaine. C'était aussi un spécialiste des coléoptères, un amateur de littérature sud-américaine, un collectionneur de femmes et de cigares. Mon père le détestait et moi, je détestais mon père. À ma naissance, déjà, ils ne s'adressaient plus la parole. Je n'ai eu aucun mal à choisir mon camp : mon grand-père m'a tout appris. »

Modest Sergueïévitch, poursuit son avocat, n'a pas tardé à se faire une place en prison. Il appartient à la caste des *blatnye,* ou bandits d'honneur – des hommes n'entretenant aucun contact avec l'administration pénitentiaire et pour lesquels la détention se résume, disons, à une pénible contrariété.

Par accord tacite, les *blatnye* ne travaillent pas. Aucun d'entre eux n'a été marié, n'a effectué son service militaire ou n'a été membre, ne serait-ce qu'une journée, du Parti communiste. Parallèlement aux autorités, auxquelles ils se supplantent parfois, ils tranchent les conflits survenant dans les cellules et dirigent la vie des détenus.

Modest est le plus jeune de tous les *blatnye*. Quand il entre au parloir, les autres s'écartent et certains lui offrent leur chaise. « Cet homme est une légende, me confie un prisonnier : tout le monde sait pourquoi il est là. Nombreux sont les détenus qui sollicitent ses conseils, et pas seulement en matière de vol. Plusieurs gardiens le consultent aussi. Modest Sergueïévitch possède des avis éclairés sur un nombre impressionnant de sujets. C'est un homme d'une grande culture, extrêmement charismatique. Il ne dort que trois heures par nuit et passe les autres à lire et à réfléchir. Il marche dans les pas de son grand-père, un ancien pensionnaire des lieux. Les traces sont encore visibles. »

L'éducation de Modest s'ébauche à Paris au début des années quatre-vingt-dix. Le mur de Berlin vient alors de tomber et les Russes découvrent les joies de la vie occidentale. « Mon grand-père m'a emmené à Paris pour mon anniversaire. Je venais de fêter mes dix ans. Nous sommes entrés dans une boulangerie. La vendeuse est partie dans l'arrière-boutique pour chercher un gâteau que nous avions commandé. Mon grand-père a humé l'air puis, le plus naturellement du monde, s'est emparé d'une autre pâtisserie, la plus chère de toutes, et l'a posée dans une boîte. Après quoi il a tourné les talons. “Tu viens ? On ne va pas passer la journée ici.” J'étais stupéfait. Nous cheminions sans hâte, auréolés d'un halo d'innocence. “Anatoly Mikhaïlovitch, ne devrions-nous pas payer pour ce que nous avons pris ?” Mon grand-père n'a pas répondu. Il m'a conduit dans un café, a commandé deux chocolats chauds et a ouvert la boîte. Puis il a sorti un couteau de poche de son imperméable et m'a tranché une part de gâteau. “Tiens.” Il n'y avait pas à discuter. “La première chose à comprendre, a-t-il proclamé tandis que je me régalais, c'est que le concept de propriété est une vue de l'esprit qui repose sur l'intimidation et le respect de règles arbitraires. Nous n'avons rien à voir avec ces règles, mon petit. Termine ta part. Rien n'appartient à personne ; tout est à toi, si tu préfères.” Ce jour-là, dans ce même café, j'ai dérobé une praline à la table voisine : son propriétaire s'était absenté aux toilettes. Mon grand-père a marqué son assentiment en me broyant l'épaule. “Ne laisse jamais le monde t'imposer ses conditions, a-t-il ajouté. Nous sommes des Govoretski, nous faisons ce que bon nous semble.” »

Les racines de l'arbre généalogique familial se perdent dans le limon de l'histoire russe. On trouve des nobles parmi les Govoretski, des seigneurs atrabilaires prompts aux duels et aux coups d'éclat sanglants. Fusillades, peines de prison, poèmes exaltés, fuites à travers la toundra… « Les mâles de la famille ont toujours eu le sang chaud, me confirme l'avocat. Avec ce supplément caractéristique d'élégance aristocratique qui fait leur charme. Vous l'avez vu à Butyrskaya : Modest a tout de suite su comment se faire respecter. Il a édicté ses propres règles pour ne pas avoir à suivre celles des autres. »

Sur l'épaule droite du détenu, tatouée, une église se dresse, surmontée d'une quinzaine de coupoles. « Mes faits d'armes les plus significatifs, explique Modest. Mais je manque de place, il faudrait que je songe à un autre monument. » Il passe sa langue sur les lèvres. De toute évidence, notre discussion lui plaît. Il a bâti une légende et aime en rappeler les principaux chapitres. Sur le sens de ses actes, sur leur moralité, aucun doute ne l'effleure. « J'ai hâte de sortir, me confie-t-il un soir, de reprendre mes affaires en main. » Lorsque je l'interroge sur la nature des affaires en question, il se contente d'agiter les doigts. « Voyez avec mon avocat.

— Votre avocat ne m'a pas révélé toute l'histoire.

— Allons bon. »

Se retournant, il demande un cigare à un gardien, lequel, à ma grande surprise, s'exécute. « Tout se paie, déclare-t-il, surprenant mon expression. Tout se paie à partir du moment où vous arrivez à le faire croire aux gens. Que vous a raconté mon avocat ? Que j'étais l'inventeur du vol graduel ?

— *Grosso modo.* »

Il ricane. « Ce n'est pas totalement faux. Les conseils de mon grand-père étaient clairs. "Va à ton rythme."

J'ai commencé par cette praline : la transgression originelle. Puis un dé à coudre de collection, subtilisé dans un magasin de souvenirs quelques jours plus tard. Mon grand-père venait de m'annoncer qu'il était gravement malade. Ma mère, qui avait divorcé de mon père et nourrissait pour le vieil homme une profonde affection, allait être dévastée. Le dé à coudre lui était destiné. Comment chiffrer le malheur, le réconfort, l'espoir ? »

Moue dubitative. « Aucune idée.

— Excellente réponse. C'est pourquoi l'argent ne signifie rien. Un agrément, un accord virtuel, une convention tacite. Vous saisissez ? L'or n'a pour seule valeur que celle que nous lui attribuons. En tant que tel, il ne sert à rien. Où en étais-je ?

— À vos larcins.

— Ah, oui. Deux ans plus tard, à l'hôpital de Moscou : une fiole de morphine pour mon grand-père. Ils ne voulaient plus lui en administrer. Il m'a attrapé le bras. "Ces gens m'emmerdent. Qui sont-ils pour décider à ma place ?" Le lendemain, j'ai volé une amulette dans une bijouterie pour qu'il l'offre à une infirmière. Il s'est marié avec elle deux semaines avant de mourir. À son enterrement, je n'ai pas versé une larme. (Il fait jouer ses muscles sous son tee-shirt, darde sur moi un regard froid.) Mon grand-père n'aimait pas les pleurnichards. Dans la vie, il faut avancer. Je suis sorti du cimetière et, pour la dernière fois, j'ai réfléchi au sens de mon existence. Je n'avais pas de travail, et pas l'intention d'en chercher un. Je me consacrais à la lecture : Dostoïevski, Tolstoï, Gogol. "Il est primordial, répétait mon grand-père, de circonvenir la réalité de l'âme russe. Afin de mieux l'incarner." Les hommes n'appartiennent pas à la société : ils s'appartiennent à eux-mêmes. À treize ans, j'ai pris la décision de mener une existence sans contraintes.

— Vous avez volé des objets de plus en plus imposants.

— C'est vrai. Mais ce n'était pas une démarche consciente au départ. Une praline, un dé à coudre, une fiole, une amulette : je ne raisonnais pas en termes de progression. Un jour, dans un magasin pour touristes, j'ai fait main basse sur une collection entière de matriochkas – un cadeau destiné à ma fiancée d'alors –, de la plus petite à la plus grande. C'est ainsi que j'ai compris. Une direction se dessinait, une dynamique. Mon grand-père m'exhortait à me surpasser sans cesse. Le lendemain, dans une quincaillerie, je me suis emparé d'un service à couteaux. Je voulais me prouver que je pouvais le faire. Je venais tous les jours. Mon secret ? Pas de secret. Du calme, du naturel, de la confiance en soi. Vous pouvez vider le contenu entier d'un magasin en regardant le vendeur droit dans les yeux si vous êtes convaincu que ce que vous faites est *juste*. Le vol est une forme d'hypnose. Les gens vous observent, mais n'établissent pas le lien entre ce qu'ils vous voient faire et ce que vous faites réellement. »

Une heure durant, avec force détails, Modest Sergueïévitch Govoretski me narre par le menu l'essentiel de ses exploits par ordre croissant d'importance. Parmi les objets dérobés :

Un tabouret d'intérieur, dans un magasin de meubles.

Un ordinateur portable.

Une table en acajou (il se fait passer pour un livreur).

Une autre table, plus grande, dans le même magasin, le lendemain de la première.

Un piano.

Un piano à queue, soigneusement démonté.

Une voiture (Moskvitch Aleko). À ce stade, il devient difficile de parler simplement d'objet. Suivent une berline, plus grosse, et un 4 × 4.

Une camionnette.

Un camion.

Un car.

Une maison : un achat en viager conclu avec l'aide d'un médecin véreux ; la propriétaire, se croyant en parfaite santé, décédera quatre mois plus tard.

Un restaurant de cuisine italienne acquis pour une bouchée de pain à la suite d'une expertise sanitaire tronquée.

Une entreprise de métallurgie, achetée par un intermédiaire avec l'argent d'un fourgon de convoyeurs de fonds soi-disant *trouvé* en lisière de forêt.

Modest hausse les épaules. « Les risques sont inévitables. Je ne suis pas arrivé dans cet endroit par hasard. Mon avocat et moi plaidons la bonne foi. L'argent ? Non, je ne sais pas d'où il vient. Je me promenais dans un bois, j'ai été témoin d'agissements suspects, j'ai creusé à mon tour, et voilà. Ce n'est pas ma faute. Il n'y a *pas* de faute. Je suis un détenu modèle. Demandez à tout le monde. Interrogez le directeur. Payer ma dette à la société, dites-vous ? Mais de quoi discutons-nous ? Je ne reconnais pas les lois de ce pays. Je ne m'y soumets que contraint et forcé. Lorsque je retournerai dehors, les affaires redémarreront. Elles ne se sont jamais arrêtées. »

À l'heure où Modest finit peut-être de purger sa peine, m'apprend son avocat sous le sceau du secret, de nouvelles opérations d'« acquisition forcée » sont en cours. Deux autres entreprises sont déjà passées sous la coupe de son client : une distillerie de vodka locale et la branche russe d'une célèbre chaîne de magasins de prêt-à-porter. À présent, il est question d'un stade de football. Serait-ce celui du CSKA ? L'avocat inspecte ses ongles. Le stade Loujniki, ou Stade olympique de Moscou, peut accueillir près de quatre-vingt mille spectateurs : la plus grande enceinte sportive de Russie. Je ne veux pas croire que c'est de ce stade-là que nous sommes en train de parler.

L'homme feint de compulser ses dossiers. Subitement, le voici submergé de travail. « Ce sera tout ? » Je hoche la tête, remercie. J'ignore ce qui m'étonne le plus, en définitive : l'ahurissant système de pensée de son client, à même de justifier les exactions les plus extravagantes, ou sa propre désinvolture à l'égard des exactions en question.

Autre chose : Modest porte bien son nom. Rien en lui du bandit de grand chemin. Nulle bravade, nulle arrogance mafieuse. Ceux qui le connaissent me l'ont certifié : cet homme n'a rien à voir avec le « milieu ». C'est un Arsène Lupin avec des tatouages. Le vol ? L'aboutissement logique d'une manière de credo libertaire, détachement snob en sus. Des richesses passent à notre portée. Nous possédons l'intelligence, le cran, la volonté. Pourquoi ne pas agir ?

Sur le seuil, pris d'un doute, je me retourne : « Et si les choses ne se passaient pas comme prévu ? dis-je. Et si votre client prenait plus de quatre ans, beaucoup plus ? Diriger ses affaires de la prison ne doit pas être facile. »

L'homme rajuste son veston, me toise avec lassitude. « S'il reste en prison, répond-il, nous ferons ce qu'on nous obligera à faire.

— "On" ?

— Le destin.

— Et à quoi vous obligera ce… destin ?

— C'est difficile à expliquer. Mais l'appétit de mon client ne connaît aucune limite.

— Alors quoi ! Vous voleriez la prison ? »

J'essaie de rire.

Pas lui.

Derrière la vitre de son parloir, Modest Sergueïévitch Govoretski me contemple d'un air amusé. « Vous n'avez jamais rien volé, n'est-ce pas ?

— Si.

— Quoi ? Des bonbons ? »

Je ne réponds pas ; il insiste. « Pourquoi avez-vous arrêté ?

— Par peur, je présume. Parce que mes parents m'ont dit que c'était mal.

— Qu'en savaient-ils ? »

Un gardien passe derrière Modest, dépose un objet sur sa table. L'homme le rafle sans me quitter des yeux. « Cette prison est déjà quasi à moi, souffle-t-il en se hissant sur ses coudes. Le vol, ce n'est pas faire disparaître les choses : c'est modifier les règles. S'attaquer au système en profondeur. Un changement de propriétaire, est-ce si grave ? La nature aime le changement. Tout le monde a besoin de changement.

— Eh bien… »

Très calmement, il pose l'objet devant moi, de l'autre côté de la vitre. J'ouvre de grands yeux : mon portefeuille ! « Je vous assure, murmure-t-il. Vous devriez y réfléchir. »

La dernière vague

« En somme, déclare le vieux Joe en m'adressant un sourire édenté, pour figurer dans ton bouquin, il faut avoir un grain, c'est ça ? »

Approuver est tout ce que je peux faire. Le vieux Joe lève un pouce.

De tous les protagonistes de ce livre, Jonathan Abercrombie est certainement le plus dérangé (un mot malpoli pour dire « vivant ») et, cela va de soi, le plus difficile à localiser. Après une éprouvante semaine d'enquête émaillée de fausses pistes et d'appels téléphoniques sans écho, c'est à Mtunzini (Afrique du Sud, cent quarante kilomètres au nord de Durban), dans une cabane au bord de la plage, que je finis par mettre la main sur lui.

Forêt, lagon de cristal, dunes sauvages semées de broussailles – je chemine sous un soleil de plomb.

Situé à l'estuaire de la rivière Mlalazi, Mtunzini, dont le nom signifie « un endroit à l'ombre », est le paradis méconnu des pêcheurs, des fans de sports nautiques et des amateurs d'oiseaux : on peut notamment y observer le très rare vautour palmiste. Un parcours de golf, un hôtel aux trois quarts vide, quelques *bed & breakfast* et terrains de camping complètent le tableau. « Les touristes ne se bousculent pas, me confirme un résident. On a surtout des surfeurs et des amoureux de la nature. Si ce n'est pas le paradis sur terre, ça y ressemble pas mal. »

Paradis ? Prudence tout de même. Ici et là, quelques pancartes suggestives rappellent le visiteur trop enthousiaste à la raison. *Attention : requins !* Plus loin sur la plage, une zone de reproduction empêche l'installation des filets de protection traditionnellement réclamés par les habitués. C'est dans ces eaux turbulentes que sévit le fameux requin-bouledogue, ou requin du Zambèze qui, s'il dépasse rarement les trois mètres cinquante, est réputé pour ses fréquents accès de férocité.

À près de soixante-dix-sept ans, Joe Abercrombie est ce que l'on appelle une légende vivante, révérée comme telle par tous les surfeurs de la région. Vous ne trouverez personne, en Afrique du Sud, qui s'y connaisse mieux que lui en rouleaux et en plages. Les premiers temps, il prend plaisir à sérier à mon intention les meilleurs spots, comme s'il s'adressait à un amateur éclairé. « Déjà, il y a Shelly Beach, dans la région de Jeffrey's Bay : tranquille et sympa. Et puis Cap St Francis, qui nécessite un gros *swell* d'est pour bien fonctionner. Quand tu débutes,

Hullets Reef est parfait. Ou Clapton's Coil : une jolie gauche puissante. J-Bay, c'est quatre sections d'enfer. Le mieux est de finir par Albatross : on termine son *ride* sur la plage, au milieu des dunes. Du côté du Cap, je recommande Llanduo : sections tubulaires haute tenue, à l'abri du vent. Et puis Nordhoek, Dunes, Long Beach – on y trouve des *breaks* magnifiques. Après, de l'autre côté de la péninsule, il y a Kalk Bay : jolis *breaks*, là encore, mais qui ne marchent que par fort *swell.* Ou Muizenberg, une grande baie sablonneuse avec des tonnes de *beach breaks* sympas. »

J'essaie de faire comprendre à mon interlocuteur que la pratique du surf m'est à peu près aussi étrangère que celle du javanais ancien. Il roule de grands yeux. « Est-ce possible ? » Je lui confirme que ça l'est. Le vieux Joe me considère avec une commisération incrédule. Je suis l'extraterrestre, l'handicapé volontaire, l'exilé en Terre sainte, celui qui n'a jamais mis les pieds sur une planche. J'essaie de le rassurer : on vit très bien comme ça. Le hic, c'est qu'il n'y avait pas la mer à côté de chez moi quand j'étais enfant.

« Pas la mer ? » Joe Abercrombie secoue la tête. Il ne doit même pas saisir le sens de cette phrase.

Petit hameau hors du temps, Mtunzini évoque les havres de paix californiens des années cinquante. À perte de vue, des *beach breaks* s'étendent le long du parc national. En janvier, la température de l'eau atteint souvent 27 °C. En ce moment, elle ne monte guère au-dessus de 20 °C. Cigarette aux lèvres, Joe Abercrombie s'étire au milieu des vents de l'hiver austral. Dix heures du matin : il vient d'en finir avec ses exercices d'assouplissement.

Il tapote sa prothèse. « Ma jambe valide est toujours en forme. C'est l'autre qui pose problème. » Crachant à terre, il me propose une cigarette. Je décline. Il y a quinze ans, Joe a perdu fémur et tibia à la suite d'une attaque de requin. En parler ne le dérange pas le moins du monde – il en tire même une fierté de bon aloi. « Mais avant cela, claironne-t-il, café, café noir, l'élixir maudit ! »

De la cabane du vieil homme (sol de terre battue, toile goudronnée pour seul toit), un sifflement s'échappe. Courbé en deux, Joe se glisse à l'intérieur. Son ameublement est sommaire : matelas, fauteuil à bascule, coffre d'acajou, plus un réchaud à gaz et quelques ustensiles de cuisine, ainsi qu'une guitare. Bouilloire en main, mon hôte ne tarde pas à ressortir. Dispersés sur la plage, au loin, des jeunes surfeurs lui adressent des signes amicaux. Il lève la main en retour. « Tiens, ricane-t-il, ce crétin d'Alfonzo est de retour. »

Je lui demande s'il connaît tout le monde. Il opine. « Je n'ai que ça à faire, maintenant : m'occuper des jeunes. »

Assis sur un banc, face à l'océan, nous revenons sur son accident. Il indique la plage. « Tu vois l'embouchure, là-bas ? C'était en juillet. Mauvaise période.

— Pourquoi ?

— Migration des sardines. Les requins deviennent à moitié cinglés. C'était le matin. J'étais seul quand c'est arrivé. Les eaux étaient troubles, il avait plu toute la nuit. Je venais de prendre une vague et je repartais au large lorsque j'ai senti quelque chose me tirer la jambe. Je me suis débattu, accroché à ma planche. Je peux te dire que ça tractait sévère. Une forme sombre, tournoyant sous les remous. Un nuage opaque a éclos à la surface. J'ai compris que c'était mon sang. Sans trop savoir comment, je me suis propulsé vers la plage. J'ai eu beaucoup de chance. Le requin a dû considérer qu'il en avait eu pour son argent.

— Y avait-il déjà eu des attaques dans ce secteur ?

— Affirmatif. Deux morts l'année d'avant, pour commencer. Je n'aurais jamais dû me trouver là. Très imprudent, et je le savais. Mais je traversais une grave crise.

— Crise ? »

Il se relève, se masse les hanches. « Laisse tomber. Je me suis effondré sur le sable. Il me manquait la moitié de la jambe. Des amis ont vu ce qui s'était passé. Ils ont galopé. L'un d'eux étudiait la médecine. Il a réussi à stopper l'hémorragie, plus ou moins. On peut dire qu'il m'a sauvé la vie. Après ça, les secours ont mis deux plombes à se pointer. Je suis tombé dans le coaltar et j'y suis resté une semaine entière. Quand je me suis réveillé, j'ai compris que j'allais devoir ralentir sérieusement la cadence. »

Derrière la cabane de Joe Abercrombie, deux planches croisées enfoncées dans le sable semblent barrer l'accès du chemin menant à l'océan.

En d'autres circonstances, je rougirais de honte à l'idée de poser la question que je m'apprête à soumettre au vieil homme. Mais les discussions que j'ai pu avoir avec certains habitués de Mtunzini me laissent penser que je ne suis pas au bout de mes surprises. « Vous surfez encore ?

— Très peu.

— Mais vous surfez encore. »

Il écrase sa cigarette du talon. « Deux ou trois fois par an. Quand les conditions sont idéales. » Il caresse sa prothèse. « Le souci, c'est que je manque de souplesse. Nager avec ce machin n'est pas une partie de plaisir. C'est pourquoi je m'économise. En vue du grand jour. »

Le grand jour : les amis de Jonathan Abercrombie m'ont déjà parlé de l'obsession du vieux Joe. C'est son fantasme, son sujet de discussion favori, le point de départ de sa « crise ».

Main en paravent, l'homme lorgne l'océan. Sa chemise de lin, ouverte, claque comme un drapeau de plage. Avec ses cheveux hirsutes et son visage cabossé, il ressemble à un mélange d'épouvantail et de cow-boy. Je m'avance à son côté. De son pantalon de treillis, il tire un paquet de cigarettes froissé.

« Les premières visions se sont manifestées il y a une vingtaine d'années, commence-t-il de sa propre initiative. À l'époque, je surfais déjà moins. J'avais un problème au genou, le dos en compote – j'étais en train de perdre le feu sacré et j'avais du mal à l'accepter. Je me souviendrai toujours de la première fois. Je me suis réveillé en hurlant au milieu de la nuit.

— On vous l'a dit ?

— Ça s'est entendu jusqu'au bout de la plage. J'avais vu une vague : la vague ultime, parfaite, la mère de toutes – le trip béni pour un surfeur. Ce hurlement, c'était peur et joie mêlées. Une excitation pas croyable. Par la suite, la vision est revenue régulièrement, à raison d'une ou deux séances mensuelles.

— Avec des variantes ? »

De ses deux mains, il ramène ses cheveux en arrière. « La même vague, encore et encore. À des moments différents. Mais la même. Et juste avant qu'elle se lève, je suis assis dans ma cabane et je regarde le calendrier et je lis très distinctement la date. »

Je renifle. « Quand est-ce ?

— Je préfère ne pas en parler. Il faut profiter de la vie, mon pote. Ne pas se préoccuper de la fin. La fin n'est pas dramatique en soi. »

Je chausse mes lunettes de soleil. « Je ne suis pas sûr de bien vous suivre.

— Ce que j'essaie de dire, poursuit-il, c'est que ça ne changera rien pour personne de connaître la date. Parce qu'il n'y aura rien à faire. »

Il lève les bras vers la plage ; un couple de surfeurs en combinaison Lycra lui répond avec enthousiasme. La mer est houleuse aujourd'hui. Vents offshore d'ouest-nord-ouest, conditions idéales.

« Au départ, reprend le vieil homme, j'ai très mal vécu ces visions. Cette foutue date hantait mon esprit, et je ne comprenais pas pourquoi la vague s'acharnait ainsi. Ensuite, après l'accident, je me suis apaisé. Lentement mais sûrement. Je ne parle jamais de rêve, tu as remarqué ? Parce que ce n'en est pas un. Les rêves, ça va, ça vient, on ne sait pas très bien ce que ça signifie. Le sens de cette vision, lui, il est très clair. La vague *va* arriver. C'est inéluctable. »

De quatorze à dix-sept heures, le vieux Joe s'adonne à la sieste. Il prétend que ses visions l'épuisent, qu'il veut garder ses forces pour le jour J, le jour où il devra *chevaucher*. « Cette jeune beauté viendra de très loin, dit-il, évoquant la vague. Il faudra que je parte la veille au soir et que je nage toute la nuit pour aller la chercher. À dix kilomètres du rivage, je pense. Douze maximum. J'ai bien l'intention d'en profiter à fond. »

Je descends sur la plage. Le vent brame dans les dunes, courbe les roseaux avec rage. Du sable est entré dans ma bouche. Des surfeurs apparaissent, s'évanouissent à l'approche d'une lame. On croirait que l'écume les a engloutis. Ils sont si petits !

« Hello ! » Mark me rejoint, planche sous le bras. Mark est américain ; je pense à Patrick Swayze dans *Point Break*. Depuis six ans, il sillonne les plages de la planète à la recherche des meilleurs spots. Lâchant son *shortboard* sur le sable, il s'assied sur un talus. Nous discutons du vieux Joe. Mark se montre prudent. « Je ne sais pas quoi penser de tout ça, reconnaît-il. Joe est un type super, aussi sain d'esprit que n'importe qui. Et il ne vit que pour le surf, c'est vrai. Mais cette vague ? Eh bien, je ne sais pas. Cette histoire de date qu'il refuse de révéler. Malgré tout le respect que je lui dois... Surprise et splendeur, voilà ce que répète Joe. » Un rire lui échappe. « Je suppose qu'on reconnaîtra cette vague quand on la verra. »

Un silence s'installe, très agréable. Le vent est reparti. Je hoche le menton vers le large. « Et les requins ?

— Quoi, les requins ?

— Ils ne vous font pas peur, à vous ? »

Un sourire éclaire son beau visage. « Vivre vite, mourir jeune. »

Jonathan Abercrombie a vécu son existence si vite que la mort l'a peut-être oublié. Au moins pour un temps.

Six mois après mon départ, au milieu du mois de janvier, un violent ouragan frappe la côte est de l'Afrique du Sud. Mark m'envoie un mail. Il a reçu des nouvelles du vieux Joe, qui a survécu. « Des témoins ont parlé de lames monstrueuses, m'écrit-il. Huit mètres de hauteur. Mais notre ami a eu le temps de se mettre à l'abri à l'intérieur des terres. Ce type est une vraie station météo. Il sent quand les perturbations se préparent. Il les sent jusque dans la moelle de ses os. »

Une semaine plus tard, Jonathan Abercrombie en personne m'appelle au téléphone. Il utilise l'appareil de

Mark, à qui j'avais demandé de me rendre ce service. « Ça va, p'tit gars ?

— C'est à vous qu'il faudrait demander ça. Je me suis fait un sang d'encre.

— Un sang d'encre ?

— Ces vagues. Je me suis demandé si le grand jour n'était pas arrivé. »

À l'autre bout de la ligne, le rire est si tonitruant que je suis forcé de tenir l'appareil à distance. « Qu'est-ce qu'il y a de si drôle ?

— Toi, p'tit gars. Tu confonds une averse avec une goutte de pluie. Huit mètres de haut, ces vagues. Pfft. Ces crétins ont insisté pour *m'évacuer*, tu imagines ? Je n'avais pas besoin d'eux. »

Je glousse. « Monsieur Joe ?

— Ouaip ?

— Quelle taille fera-t-elle, cette dernière vague ?

— Grande.

— Grande comment ?

— Tu sais ce que c'est qu'un nombre à trois chiffres, p'tit gars ?

— Oui mais…

— Eh bien voilà. Un nombre à trois chiffres.

— Attendez. En mètres ? »

Il toussote, s'adresse à quelqu'un d'autre – j'entends le vent dans le combiné et, brièvement, les dunes me manquent. « Hein ? fait le vieux Joe. Écoute, je dois te laisser. Profite de la vie, d'accord ? Reviens me voir. Mais ne tarde pas trop. »

Il raccroche. « La mort est cette vague plus haute que toutes les autres, avait-il lâché avant que nous nous quittions, six mois auparavant. Quand ils la voient, les lâches se disent qu'il n'y a plus rien à faire, et les braves saisissent leur planche. »

Pas l'ombre d'un doute

« Il oubliait tout, se souvient Cathy, mains crispées sur le rebord de son évier. Il oubliait même qu'il oubliait tout. L'anniversaire de sa fille. Une invitation chez les voisins. Le dimanche matin, bien souvent, il nouait sa cravate et préparait son attaché-case. Je le regardais avec des yeux comme des soucoupes. "Où diable crois-tu aller, Alfred Miller ?" Il considérait ses chaussures. "Eh bien, au travail." Je lui prenais le bras, le plus gentiment du monde. "As-tu la moindre idée de quel jour nous sommes ?" Ses épaules s'affaissaient, alors, il se frappait le front. "Bon sang. Quel imbécile !" Plus tard, comprenant à quel point ces absences systématiques menaçaient mon moral, et notre couple avec, il a tenté d'y remédier. La maison était truffée de pense-bêtes, de mouchoirs mystérieux, censément évocateurs. L'ennui, c'est qu'il les oubliait aussi. Vu de l'extérieur, bien sûr, ça ne paraît pas foncièrement dramatique. Mes amies essayaient sans cesse de me réconforter. "Allons ! Ne te tourmente pas tant ! Et puis, Alfred est un esprit si brillant !" Mais c'était facile à dire pour elles. Elles ne vivaient pas avec lui. Elles ne savaient pas ce que c'était, d'avoir la certitude de ne jamais pouvoir compter sur l'amour de votre vie. »

Cathy Miller marque une pause. Nous sommes à Schenectady, une ville de soixante mille habitants dans l'État de New York, où vécut en son temps le romancier Kurt Vonnegut. « Kurt et Alfred étaient amis, reprend mon hôtesse. Il venait dîner à la maison, parfois. Un homme avenant, d'une exquise drôlerie. Lui aussi travaillait à General Electric. Alfred était étrangement doué pour se lier avec des gens. À supposer que vous n'ayez pas à en subir les conséquences, il y avait quelque chose d'éminemment séduisant dans son étourderie chronique. »

La vieille femme m'indique une chaise, rajuste les persiennes de la cuisine, s'active derrière le bar.

Nous sommes ici pour discuter d'Alfred Miller, son ex-époux, dont elle a tenu à conserver le patronyme. Alfred était ce que l'on appelle un calculateur prodige. « Calculateur, souligne Cathy, et non mathématicien. Les calculateurs, ce sont ces gens capables de vous dire quel jour tombera le 18 mai 2579, de multiplier 578 981 par 6 525 en cinq secondes, de citer dix mille décimales de pi sans commettre la moindre erreur, etc. Alfred était doté d'un QI de 180, d'après les tests, et c'était un scientifique tout à fait compétent, mais il était incapable de faire cuire des pâtes. Je me suis beaucoup intéressée au sujet, depuis notre séparation.

Des découvertes importantes ont été faites. Fondamentales, même. On sait aujourd'hui que les zones responsables du calcul mental sont, chez les calculateurs prodiges, six à sept fois plus irriguées que chez les individus normaux. Je suppose, même si le raisonnement n'est pas très rationnel, que d'autres zones se trouvent moins irriguées par voie de conséquence. La zone qui permet de faire cuire des pâtes, par exemple. »

Elle soupire, dépose une boîte de petits gâteaux sur la table. « Servez-vous, je ne mangerai pas tout ! » Biscuit en main, elle reprend place. « Vous voulez savoir à quoi ressemblait notre vie avant le divorce ? Disons "pleine de surprises". Surprises désagréables, s'entend, et qui finissaient par ne plus être des surprises. Les anniversaires de mariage, *mes* anniversaires, les dates de naissance de nos enfants : tout cela sortait complètement de l'esprit d'Alfred. Il est parvenu à rater l'enterrement de mon père, l'examen d'entrée au conservatoire de notre fils, et notre premier rendez-vous chez un conseiller conjugal. Un jour, une amie à moi lui a demandé quelle était la couleur de mes yeux, et il s'est trouvé incapable de répondre. D'un autre côté, mémoriser douze paquets de cinquante-deux cartes en dix minutes ne lui posait aucun problème. Pas plus que de réciter *Abattoir 5*, de notre ami Kurt, de la première à la dernière page. En 1967, il a gagné un concours de calcul mental organisé par l'université de Yale avec une telle facilité qu'on lui a demandé de ne plus jamais se présenter. Mais vous comprendrez que pour moi, la compensation était plutôt faible. »

Je m'éclaircis la gorge. « Vous avez divorcé dans les années soixante-dix, c'est bien cela ? Comment… Comment s'est achevé votre mariage ? »

Cathy Miller hoche la tête. « Sincèrement, me séparer de lui me brisait le cœur. Je l'aimais, vous comprenez ? Mais vivre à ses côtés était une épreuve harassante, physiquement et nerveusement. Après trente ans de vie commune, je n'en pouvais tout simplement plus. Je passais mes journées à lui crier dessus, à le rabrouer, à confectionner des pense-bêtes qu'il délaissait consciencieusement. Nos enfants étaient les premiers à souffrir de cette situation : tous deux ont quitté la maison dès qu'ils en ont eu les moyens. Bref, ma réserve de patience était épuisée. » Mains sur les cuisses, elle regarde par la fenêtre. « Alfred avait enfin accepté de suivre un traitement. Je doutais que cela suffise, mais j'étais prête à tenter l'expérience. Seulement, j'exigeais des conditions et je voulais que ces conditions soient couchées sur papier. L'un de nos amis, qui était avocat, avait accepté de jouer les entremetteurs. Il nous a convoqués. La suite va vous plaire.

— À ce point ? »

D'une main tremblante, elle arrange ses fins cheveux cendrés. « Je l'avais trouvé bizarre, la veille au soir, mais je n'avais rien osé lui dire. J'étais certaine qu'il allait oublier notre rendez-vous. Le lui rappeler ? Pas question. C'était le test suprême. Je l'accueillais avec une sorte de joie funèbre. Donc, nous n'avons pas échangé un mot ce soir-là. Le lendemain, peu avant dix heures, je suis partie chez l'avocat persuadée que la messe était dite. Alfred patientait au sommet de l'escalier.

— Incroyable.

— Comme vous dites. L'espace d'un instant, un bonheur démesuré m'a envahie. La vie nous offrait une seconde chance : il nous revenait de la saisir. J'ai monté les marches pour serrer mon Alfred dans mes bras. Il s'est laissé faire sans chaleur puis, doucement, m'a repoussée. “Tu t'es trompée.” Je n'en croyais pas mes oreilles. “Quoi ?” Il a cogné la porte de son poing. “Notre rendez-vous. C'était hier, pas aujourd'hui. Je t'ai attendue pendant plus d'une heure ; je voulais croire que tu avais eu un empêchement. Mais hier soir, j'ai compris que ce n'était pas le cas. Une telle erreur, après tous ces grands discours ! Ta désinvolture me sidère. Tu peux considérer que notre mariage est terminé.” Il est parti dans la foulée. Je n'ai même pas trouvé la force de lui courir après. »

Pendant quelques secondes, elle évite mon regard. Je demeure stupéfait. « Une erreur ? Vous ? » Moue boudeuse. « Honnêtement ? Je n'en suis pas sûre. C'est la version de l'avocat, en tout cas. Mais il était plus ami avec Alfred qu'avec moi. Et il lui arrivait d'être distrait, lui aussi : il oubliait de noter ses rendez-vous. En bref, c'est leur parole contre la mienne. En même temps, quelle importance ? Le problème ne datait pas de la veille. Cet incident n'avait fait que révéler des failles tragiquement béantes. Notre mariage ? Une parodie. Nous étions épuisés : lui par ses efforts pour se souvenir, moi par mes efforts pour oublier. Finalement, c'est lui qui a demandé la séparation. Appelons ça l'ironie de l'histoire. Le plus drôle, si l'on veut, c'est que nous sommes devenus très bons amis après notre divorce. Vivre ensemble était insupportable mais, en tant que voisin (il avait acheté une maison un peu plus loin dans la rue), mon ex-mari était parfait : charmant, très drôle, attendrissant. Je me suis surprise à m'occuper de lui plus qu'avant, et sans rien exiger en retour. Vous allez me prendre pour une folle. Ah, il était si seul ! Et personne ne le connaissait mieux que moi.

— Vous alliez lui rendre visite quotidiennement ?

— Je n'en étais pas loin. Je ne me suis jamais remariée, et lui non plus, vous imaginez bien. J'ai connu d'autres hommes, de temps à autre, mais ça n'a pas fonctionné. Lui est toujours resté seul. Au fond, l'amour ne l'intéressait pas. Il avait juste besoin qu'une femme s'occupe de lui, et sa mère était morte depuis des lustres. Dire qu'il m'a fallu plus de trente ans de mariage pour comprendre ça…

— Vous regrettez ces années ? Vous les voyez comme des moments perdus ? »

Elle réfléchit. « Je regrette les combats, les batailles sans fin. C'était une guerre absurde. Alfred était incapable de prendre soin de qui que ce soit. J'ai élevé mes enfants seule. Dans les soirées, par contre, ou dans les allées d'un musée, c'était un compagnon extraordinaire. Son médecin soutient qu'il était doué d'une intelligence poétique, et je crois que c'est le mot. Il adorait Mozart, et les Supremes, et Abraham Lincoln. Il était intarissable sur Humphrey Bogart et Cary Grant, il connaissait toutes leurs répliques par cœur. Parfois, il prétendait être un autre – un homme ayant vécu à Chicago en

1880, en général – et il était si prodigue de détails, si convaincant dans sa façon de s'exprimer, jusqu'aux idiomes et aux intonations de l'époque, que j'en venais presque à douter. Il me prenait dans ses bras, alors : "Je suis désolé de t'avoir fait peur." Il me répétait ça en seize langues. Il en maîtrisait trente, je crois, dont le hongrois, et quand je lui demandais pourquoi apprendre des choses aussi difficiles, il me répondait : "Parce que je peux."

— Et vos enfants ? Comment voyaient-ils leur père ?

— Comme un étranger. »

Cathy Miller se sert un verre d'eau et le vide d'un trait. « On ne peut pas leur en vouloir. Alfred ne possédait pas une once de fibre paternelle. Tout ce qu'il était capable de leur offrir, c'étaient des énigmes mathématiques, ou le *Paterson* de William Carlos Williams récité à l'envers. Maintenant, tout a changé. Anna et Justin ont compris qui était leur père, ils savent que rien n'aurait pu se passer autrement. Alfred était ainsi, point final : atteint, quoi qu'on en dise, d'une affection incurable. Et nous préférions tous cette affection-ci à celle qui le frappe aujourd'hui. Pas l'ombre d'un doute. »

La maison de repos St Exeter, entourée d'un vaste parc arboré, est située à une quinzaine de kilomètres de Schenectady. C'est une institution privée extrêmement coûteuse qui n'accueille à l'année qu'une vingtaine de patients. Cathy Miller, cependant, n'a pas eu à débourser le moindre centime pour y faire entrer son ex-époux. « Légalement, rien ne m'y obligeait. J'aurais essayé s'il l'avait fallu, mais cela m'aurait sans doute mise sur la paille.

— C'est Alfred qui paie tout ?

— J'étais aussi étonnée que vous quand je l'ai appris. Il était resté employé de General Electric toute sa vie et son salaire était indubitablement décent, mais pas au point de financer une pension illimitée à St Exeter. Non, la vérité, c'est qu'il a mené une existence parallèle après notre séparation. Il a fait ce qu'il n'avait jamais osé ou voulu faire avant : il s'est servi de ses dons pour gagner de l'argent. Beaucoup d'argent.

— Comment ? »

Cathy renifle. « Poker à Vegas, à 50 %. Et olympiades mathématiques. Jeux télévisés. Galas de prestige. Il a œuvré pour le gouvernement, également. Je n'ai pas tous les détails, il n'avait pas le droit d'en parler. Tout ce que je sais, c'est qu'il est fréquemment parti à Washington dans les années soixante-dix. »

La voiture s'est arrêtée. Cathy désigne la grille. « Je vous attends.

— Vous êtes sûre ?

— Certaine. Je viens ici une fois par semaine, et ça me suffit amplement. Je discute avec son médecin. Alfred ? Je ne le vois pas, ou seulement de loin. Il m'en veut, de plus en plus. Certes, je continue à lui porter une grande affection. Mais il y a encore une vie, au-dehors. Je fais ce que j'estime être le mieux pour nous deux. »

Le Dr Shapiro, qui m'accueille aux grilles du parc, suit Alfred Miller depuis plus de quatre ans. Il me conduit d'un pas tranquille. Sur notre gauche serpente un ruisseau, qu'un petit pont de bois enjambe. Plus loin, à l'ombre d'un érable, un pélican prend le frais. Un papillon se pose sur mon épaule. « St Exeter est un endroit assez idyllique, concède le praticien, particulièrement à la belle saison. Nous croyons à l'importance d'un cadre serein et agréable à l'œil. Nos patients respirent, ici. La sensation de calme, de chaleur, de douceur est ordinairement tout ce qui leur reste. »

L'ombre d'un nuage passe sur la pelouse. Assis sur une chaise longue, derrière le manoir, Alfred semble savourer la compagnie du soleil. Malgré la chaleur, une vieille couverture décorée de motifs Superman est posée sur ses genoux. « Il tient beaucoup à cette relique, m'a confié l'infirmière avant de nous laisser. Elle appartenait à son fils quand il était petit. Alfred adore Superman, il cherche continuellement des gens avec qui en discuter. C'est une approche intéressante, si le cœur vous en dit. »

Je m'installe près du vieil homme. Pas de réaction. La mémoire des grands calculateurs, m'a expliqué le Dr Shapiro, présente d'étonnantes spécificités : elle est profonde, mais « extrêmement étroite, comme un entonnoir ». Autrement dit, ces hommes et femmes sont incapables de mettre leurs souvenirs en perspective.

Alzheimer, dorénavant, complique considérablement la donne : l'entonnoir se rétrécit, jusqu'à ne plus rien laisser passer.

Alfred Miller se tourne vers moi. Ses yeux évoquent une mer trop profonde. Me voit-il, sait-il que je suis là ?

Je pense à ce que m'a raconté sa femme, dans la voiture. Les dernières années, ce qui reste quand on a tout oublié. Je prends une inspiration. « Alfred…

— Justin ? Vous êtes Justin ?

— Non. Votre fils Justin viendra dans deux jours.

— Dommage.

— Il viendra, Alfred. Patience et longueur de temps…

— Dans deux jours… Et Superman ?

— Pas de nouvelles de Superman. Il est possible qu'il ne se montre pas.

— Les vrais patriotes se font rares.

— C'est ce qu'il paraît. Puis-je vous poser une question ?

— Vous êtes Justin ?

— Non.

— Qui, alors ?

— Puis-je vous poser une question, Alfred ? » Il opine, contrarié. « Quel est le plus beau souvenir de votre vie ? »

Il hausse les épaules. « Tout est beau, soupire-t-il. Tout est souvenir. Les feuilles des arbres. Le ciel. Tout est mag-ni-fique. Joli, joli souvenir. Il faut partir. Le parc ferme à neuf heures. Il faut quitter le lac, se rhabiller, rejoindre sa voiture et partir : les gens enfilent leurs tenues de ville sur les banquettes arrière et quittent l'abri des arbres. »

Il éternue, se pince le nez, me congédie d'un geste. « C'est du William Carlos Williams, commente le Dr Shapiro, qui vient de me retrouver. Il arrive encore à Alfred de scander des pages entières de *Paterson,* quoique à l'endroit désormais. Il aimait ce livre à un point invraisemblable. »

« Mais ce n'est pas ma faute, s'écrie soudain notre homme, arc-bouté sur son fauteuil. Pas ma faute ! C'est sa faute à elle, à elle ! »

Son médecin le calme, l'aide à se rasseoir. « Peut-être que oui, monsieur Miller. Peut-être que non. Il ne faut pas vous énerver pour des suppositions.

— Vous êtes Justin ?

— Non. »

Le vieil homme se tord le cou, me jette un regard noir. « Vous, ne vous avisez pas de la défendre, c'est compris ?

— Qui donc ?

— Ma femme. Vous pensez que je suis idiot ? Elle se trompe de jour et ensuite, c'est ma faute, c'est moi le distrait. Moi, j'oublie parfois, c'est vrai. Mais uniquement quand ce n'est pas important. Ce que je n'oublie pas, c'est que notre union est morte à cause d'elle. Je lui en veux. Je lui en veux énormément. Pas près de m'ôter ça de la tête. »

Le Dr Shapiro me raccompagne. « L'échec de son mariage a beaucoup marqué Alfred, commente-t-il. Son ex-femme, hélas, est assez avare de confidences. Je n'ai jamais su au juste ce qui s'était passé. Tout ce que je peux vous dire, c'est que cette histoire de rendez-vous manqué revient perpétuellement sur le tapis…

— Vraiment ?

— Vraiment. Je vous fiche même mon billet que c'est la dernière chose dont il se souviendra. (Il scrute mon visage, suspicieux.) Vous ne savez rien non plus, n'est-ce pas ?

— Hélas… »

Il m'ouvre la grille. « Et donc, vous êtes un petit-neveu du côté de la mère.

— Voilà.

— Curieux, dit-il. Vous m'avez affirmé le contraire tout à l'heure. »

Je pâlis, balbutie une explication. Le Dr Shapiro éclate de rire. « Blague de neurologue, explique-t-il en me livrant passage. Désolé, ça ne fait rire que moi. »

Chez les vivants

Nous l'appellerons, puisqu'il faut mentir, la cité Jean-Rostand. C'est un ensemble, à trente kilomètres de Paris, ainsi qu'il en existe des centaines en France : un lieu secret, pour qui s'en tient aux apparences. « Nous nous méfions des journalistes, explique Abdel (dont le nom, comme les autres, a été changé), trente-quatre ans, et des politiciens itou. Si nous avons un message à délivrer, nous le faisons passer nous-mêmes. Les gens qui nous cherchent savent où nous trouver. Vous en êtes la preuve, non ? » Je ne peux qu'approuver : il y a deux mois, c'est grâce à un entrefilet publié dans un quotidien national que j'ai pris connaissance du « miracle Jean-Rostand », selon la formule du reporter, et que je suis entré en relation avec les intéressés.

« Oui, confirme Raymond, le doyen des Rameaux, je me souviens de ce type. Pas antipathique, d'ailleurs. Mais il cherchait un discours, plus qu'une histoire. Il n'arrêtait pas de poser des questions sur les – ouvrez les guillemets – prémices de l'aventure. Je lui ai servi une fable syndicaliste à forte teneur en pipeau. Un os à ronger, en gros. La vérité, c'est que notre projet n'est pas politique au sens où l'entendent ces gus. Il n'a jamais été question de parti, ici. Nous sommes issus de tous les horizons. »

Je passerai quatre jours aux Rameaux, quatre jours pendant lesquels Raymond, qui m'héberge, me servira aussi de guide.

L'immeuble ? Une barre adossée à un parking, douze étages mornes bordés d'arbres dépouillés. Ce qui frappe d'entrée, c'est le portrait en pied qui orne l'un des flancs de l'édifice : un jeune homme échevelé, sanglé dans un costume de super-héros, poing dressé vers le ciel. « Trente mètres de haut, cinquante ouvriers amateurs, deux mois de travail », me révèle une collégienne à ma vue : trente mètres avec la mention « Vivants ! » inscrite en lettres d'or au frontispice, point d'exclamation inclus.

On m'a indiqué la porte A. Affalé sur une chaise de camping, un grand Noir en costume d'amiral assure l'accueil. Se redressant à mon arrivée, il me tend la main. « Ah, bienvenu ! Je vais appeler Raymond. »

Sourire fatigué aux lèvres, mon hôte apparaît au sommet des marches. « Vous venez ? On va faire un peu de grimpette. » Il me précède dans l'escalier. « Nous sommes en train de réparer l'ascenseur, précise-t-il. Avec une grille en fer forgé, comme dans le 16e arrondissement ! ». Il ricane (« Non, je déconne : on a récupéré des grillages dans la rue, on va les peindre en rose fuchsia, ça va dépoter ! »), se retourne, frappe dans ses mains. « Allez, on accélère ! C'est excellent pour le cœur. » Je galope à sa suite, peinant à suivre son rythme. Tout juste le temps de prêter attention à la décoration des différents, *pfiou*, étages. Papier métal pour le premier, graffs japonais pour le deuxième, sculptures modernes ensuite, décorations florales : on se croirait dans une exposition d'art contemporain. « Art, je ne sais pas, plaisante Raymond, mais contemporain, je veux, mon neveu ! »

Le doyen des Rameaux habite au huitième – un deux pièces de quarante-six mètres carrés qu'il a acheté avec sa femme il y a près de quatre décennies, et qu'il vient à peine de finir de payer. À la retraite depuis huit ans, l'homme est veuf depuis quelques mois. « Sans le Comité, commente-t-il, je ne m'en serais jamais remis. »

Accoudés au balcon de sa cuisine, nous contemplons l'horizon bouché. Quatre immeubles disposés perpendiculairement, deux autres structures accolées, six mille habitants au total. « C'est la merde, hein ! Ils ont construit ça à la fin des années cinquante. À l'époque, on était contents. Salle de bains, cuisine équipée, ascenseur. Qu'est-ce qui reste de toute cette joie aujourd'hui, comment retrouver l'espoir ? Ça fait partie des questions qu'on s'est posées. Les questions fondatrices. »

Tirant sur sa cigarette, il désigne une rectangle de pelouse en contrebas. Une dizaine de jeunes se sont regroupés autour d'un panier de basket. « Eux ? Ce sont des types de l'immeuble d'en face, les Érables. Pas méchants pour un sou. Bon, ils regardent trop la téloche.

Nous leur tendons la main mais ils se méfient encore – ces choses-là prennent du temps. Le pire, c'est l'absence de buts, de points d'ancrage. Alexis était paumé, lui aussi. Ça peut aller loin. »

Alexis est le jeune garçon par qui tout est arrivé. Certains – ils sont rares – connaissent la vérité. Les autres ne voient en sa mort qu'un élément déclencheur.

L'histoire du jeune homme débute d'une façon tristement banale. Père alcoolique, mère malade, échec scolaire, infractions mineures, deals foireux, vols de voiture, prison avec sursis, et prison ferme pour finir.

Raymond hoche le menton. « Il y a huit ans et trois mois – je m'en souviens comme si c'était hier –, le petit est descendu sur le terrain de basket peu avant deux heures du matin. Ce qu'il a fait ? Il a sorti un pistolet et il s'est tiré une balle dans la tempe. Comme ça, sans hésiter. Je ne dormais pas. La suite des événements, j'y ai assisté de ce balcon. Les jeunes sont descendus à toute berzingue. Ils ont retourné le gamin sur le dos, l'un d'entre eux lui a fait un massage cardiaque, il avait suivi un stage de secourisme. Ça n'a rien changé. Officiellement, on ignore pourquoi le petit s'est tué, vous en saurez plus quand on vous jugera mûr. Sa mère l'a suivi dans la tombe quelques semaines plus tard. Morte de chagrin.

— Et le père ?

— Jean-Pierre est toujours vivant, plus que jamais, même. Il habite au rez-de-chaussée. À l'époque, il était alcoolique. Depuis le drame, c'est un autre homme. Le créateur de notre Comité – une idée incroyable dans la peau d'un type normal. »

Le Comité des Vivants est créé il y a huit ans à l'instigation de plusieurs habitants de l'immeuble. À l'instar de Jean-Pierre, aujourd'hui trésorier, Raymond appartient au cercle originel des membres fondateurs. « La première fois qu'on en a parlé, c'était à l'enterrement du gamin, avec ma femme et quelques copains. Moi, je n'ai pas compris tout de suite – j'ai d'abord cru que l'initiative venait de nous, et de nous seuls. Tout le monde pleurait et il flottait à mort. On s'est retranchés dans le bistrot du coin et on a fait le constat des années vécues. Notre immeuble en ruine. La dérive des jeunes. Les dépressions, les maladies, le chômage, la drogue. On a essayé de se rappeler la vie dont on rêvait quand on avait vingt ans. Ça nous a vidés de notre colère. Et on a réalisé un truc essentiel, ce soir-là : personne n'allait faire notre bonheur à notre place. Si on voulait que les choses changent, il allait falloir qu'on s'y attaque nous-mêmes. »

Dix-neuf heures. Le moment est venu, selon les termes de Raymond, d'aller « prendre la température » du Nautilus.

Situé au rez-de-chaussée de l'immeuble, le Nautilus est tout à la fois lieu de vie, espace de détente et refuge pour les gens de passage. On y trouve une cantine, deux billards, une salle de projection, et une de méditation.

L'appartement, d'une superficie de cent cinquante mètres carrés, est formé par la réunion de deux logements loués par le Comité et d'un troisième, cadeau d'un généreux donateur connu ici sous le nom de Mamadou. « Mamadou, explique Abdel, c'est notre fierté, notre mascotte internationale. Si vous vous intéressez un tant soit peu à l'athlétisme, vous le connaissez forcément. Il a réalisé son rêve. Il prétend que c'est grâce à nous. Hé, c'est peut-être vrai ! En tout cas, sa gratitude est à la hauteur de sa réussite. »

Avec ses murs peints à la va-vite et de toutes les couleurs, sa déco baroque, foutraque, émaillée d'automates démembrées, de demi-hublots, de bibliothèques Ikea et d'antiquités poussiéreuses chinées aux puces locales, le Nautilus n'entretient qu'un lointain rapport avec son illustre modèle, mais tout le monde s'y sent chez soi. « Nous avons essayé de trancher avec l'image déprimante du foyer, raconte l'une des responsables. “Si le rêve ne vient pas à toi, convoque ses images.” Ce n'est pas de moi, je vous rassure ! » Elle rit de bon cœur.

Installé dans la « salle au trésor » annoncée par une plaque métallique clouée au chambranle, Jean-Pierre ouvre son livre des comptes avec solennité. « C'est le schéma classique, hein. Dépenses d'un côté, recettes de l'autre. Dans la colonne des frais : travaux, nourriture, aides personnalisées, festivités diverses. Niveau rentrées : ceux qui le peuvent procèdent à des dons. Ils ne sont pas majoritaires. Nous compensons par l'imagination. » Il montre une affiche. « Vous voyez ce programme ?

Kermesses, vide-greniers, jeux télé, concours en tout genre – c'est comme ça que nous avons gagné le projecteur vidéo que vous pouvez admirer dans la salle adjacente –, vente de primeurs, conférences locales, concerts, performances, publications de livres. Nous comptons ouvrir un blog un de ces quatre. Ça discute, ça bataille, il y a des réticences. En principe, nous ne nous interdisons rien. »

Je hausse un sourcil. « Vente de primeurs ?

— Ah, c'est vrai : vous n'avez pas encore été sur le toit. »

Dix minutes plus tard, et alors que la pluie commence à tomber, le dénommé Ahmed me tend la main. Un pied sur le dernier barreau de l'échelle, je me hisse dehors à sa suite. Bienvenu dans l'espace bio des Rameaux : culture en bac, toit renforcé et serre obligatoire. Ici, m'explique mon guide, le soleil peut taper très fort en été.

Me précédant dans les allées, il remet des écriteaux en place. Haricots, poivrons, aubergines, carottes, pommes de terre, potirons, il y en a pour tous les goûts. « Et nous allons nous mettre aux courgettes sous peu », m'assure mon guide, hilare. D'un présentoir en fer, il tire une ardoise blanche : c'est un emploi du temps, où les tâches des volontaires sont soigneusement planifiées. Ici, chacun prend sa part de travail en fonction de ses envies et de ses disponibilités. « De l'enchantement à budget réduit, conclut mon accompagnateur. Ouvert à toutes les bonnes volontés de Jean-Rostand. »

« Le Comité est né suite à la mort d'Alexis, raconte Raymond. Au départ, il s'agissait surtout d'un réflexe de survie. Tout simplement, nous ne pouvions plus continuer ainsi. Les gens ont besoin les uns des autres, c'est un fait. La première mesure que nous avons prise, ç'a été celle d'ouvrir les portes. Une fois à l'intérieur de notre immeuble, vous êtes chez vous, libre de circuler comme bon vous semble. Les dealers ? Ils ne viennent plus, il n'y a rien pour eux ici. Vous avez été derrière ? Nous avons fait installer des escaliers anti-incendie, qui permettent de passer d'un appartement à l'autre facilement, et confèrent un petit côté New York à l'immeuble. Nous avons abattu des murs partout où c'était possible. L'intimité de chacun est garantie par un strict règlement interne. Les gens sont beaucoup plus raisonnables qu'on le croit quand ils se sentent heureux. Aujourd'hui, nous habitons ensemble pour de bon. »

Habiter ensemble. Le credo n'est pas vain, et j'en vérifierai bientôt le bien-fondé. Mariam, l'une des deux responsables de la planification du Comité, me reçoit le jour suivant dans son bureau du Nautilus, décoré de dessins d'enfants inspirés d'œuvres de Jules Verne.

Un tableau noir trône au mur, recouvert de dates. « Ici, déclare la jeune retraitée en rangeant ses dossiers, il se prépare toujours quelque chose. Nous accordons une importance majeure aux rituels et nous essayons autant que faire se peut d'impliquer les autres immeubles. Jeudi soir ? Apéritif dans la cour, avec ou sans alcool.

Samedi soir ? Fiesta à thème, en extérieur quand il fait beau. Mercredi soir ? Match de foot : lorsque la télé n'en diffuse pas, nous les jouons nous-mêmes. Les ados organisent également des tournois de jeux vidéo en ligne deux fois par semestre. Voilà pour les passages obligés, avec des nuances, des imprévus, des modifications sporadiques. Ensuite, il y a les événements communautaires – naissance, mariage, baptême, etc., célébrés sans frontière chaque fois que c'est possible. Les fêtes religieuses ? Nous en discutons, nous les partageons. Et n'oublions pas les fêtes absurdes, toutes celles que nous avons inventées : la Mi-automne, le Non-anniversaire, la Pluie Party, le jour des Morts-Vivants, le Carnaval surprise, le Grand Machin sans nom, j'en passe et des meilleurs. »

Aux Rameaux, en exagérant un rien, les juifs observent le Coran, les Chinois font Kippour et les chrétiens passent la djellaba. « L'immeuble abrite vingt-quatre nationalités différentes, explique Raymond, et cinq religions identifiées. Arrive un moment où il faut choisir entre se replier sur ses particularismes et prendre acte du fait que nous appartenons tous au même peuple, celui des Vivants. La différence, oui, mais à plusieurs. L'identité, oui, mais multiple. Malgré les difficultés, les errances, les tergiversations, nous essayons de faire de chaque jour une célébration et d'apporter aide et soutien à nos frères, sans distinction d'âge, de sexe, d'ethnie ou d'appartenance religieuse. Le chômeur ? Il ne reste pas seul. Le malade ? Nous surveillons son traitement. Le sans-papiers ? Nous nous battons à ses côtés. Nous avons des amis chez les flics, chez les pompiers, à l'église, nous payons certains commerçants en services. Personne n'a froid, ici, personne n'a faim, personne n'est laissé dans la détresse ou la misère. Les jeunes font des études. Il leur arrive de réussir. Nous avons eu un architecte d'intérieur, récemment, un chercheur en climatologie, une responsable d'Amnesty International, un cardiologue pédiatrique. Même si la plupart finissent par aller habiter ailleurs, le lien n'est pas rompu. Il y a de la fidélité chez ces grands, du respect, de l'intelligence. L'un d'eux vient de se lancer en politique. Nous restons circonspects, mais il a toute notre confiance. Changer le monde n'est pas un sport d'improvisation. »

Nouvelle soirée. Les riverains ont sorti des chaises dans la cour. Ici et là, des grappes de jeunes parlementent. Raymond anime un atelier de poésie urbaine axé sur les textes d'Aragon et de Renaud, Ahmed dirige une chorale transgénérationnelle, Badia fait la lecture aux plus jeunes et Li initie ses voisins à la cuisine thaï. « Le partage des savoirs, raconte Kamel, vingt et un ans, c'est un truc essentiel. Il y a des cours de soutien, aux Rameaux, des projections vidéo sur les pays des uns et des autres, des réunions de partage œcuméniques... Tout le monde y trouve son compte, et les ados les premiers. Ils découvrent chez nous une ouverture sur le monde qu'ils ne pourraient trouver nulle part ailleurs. L'an dernier, on est six à être partis à New York grâce aux recettes du Comité. Cette année, un voyage en

Chine est prévu, la Grande Muraille à pied. C'est assez dingue quand on y pense. »

Lorsque je demande à Raymond, à la fin de son atelier, si lui et les autres pensent avoir atteint une sorte d'idéal communautaire, il s'étire. « Idéal, ouais, j'aime pas trop ce mot-là. Le bordel, c'est notre vie, et *vice versa*. Rien n'est simple, rien ne l'a été, rien ne le sera jamais. On prend le taureau par les cornes, voilà ce qu'on fait. On prône l'ouverture, on va voir les autres immeubles, on ne se laisse pas démonter. C'est très facile de lâcher prise dans des endroits pareils. Mais une fois qu'on a goûté à l'amitié, à l'entraide, au partage, on ressent une addiction, une énergie, et les succès appellent les succès... Vous savez combien de nos gamins ont redoublé une classe, ici, au cours des deux années écoulées ?

— Zéro ?

— Un. Mais il partait de très, très loin. Et cette année, il met des poèmes d'Aragon en musique. Il y a un concert demain soir au Nautilus. Vous viendrez, hein ! »

Au sein de la cité Jean Rostand, malgré les mains tendues et les passerelles lancées, le parti pris des Rameaux laisse songeur.

« Sérieux, s'interroge Farid, qui habite l'immeuble d'en face, je sais pas comment ils font. Nous c'est embrouilles et compagnie vingt-quatre heures sur vingt-quatre. Eux, le dimanche, ils vont chercher des champignons en forêt et ils chantent des airs d'opéra. C'est du délire. »

Samia est plus nuancée : « Parfois, je me dis que ça ressemble à une secte. Sauf qu'il n'y a pas de gourous, et pas de fric en jeu. Quand même, je trouve ça bizarre, le coup des portes ouvertes et tout. Je ne sais pas si je pourrais. »

Quand je lui rapporte les propos de la lycéenne, Raymond mime l'indifférence. « On n'a pas vocation à convaincre le monde entier. La semaine dernière, je suis rentré chez moi à deux heures du matin, et il y avait une jeune femme tout habillée sur mon canapé, une Comorienne. En fait, elle cherchait son cousin aux Rameaux mais, comme il travaillait de nuit, elle ne l'a pas trouvé. Quelqu'un lui a conseillé de venir chez moi et elle a suivi le conseil. Vous imaginez ? Autrefois, j'aurais appelé les flics, parfaitement. Cette nuit-là, je lui ai préparé du thé à la menthe, avec des pignons. »

Jean-Pierre M., le père d'Alexis, m'accueille chez lui le dernier jour. Sur son buffet, des photos de sa femme et de son fils, sagement alignées, s'offrent à l'attention du visiteur. Attrapant un cadre, il l'examine rêveusement. « Nous ne sommes pas nombreux à savoir ce qui s'est réellement passé cette nuit-là. Mon fils venait de sortir de prison. Cette expérience l'avait marqué en profondeur. Il s'était mis à lire : Thomas More, Voltaire, des poètes américains. Un jour, peu de temps avant sa sortie, il est tombé en syncope. On lui a fait des examens médicaux et on lui a découvert une saloperie au cerveau, un anévrisme non opérable, susceptible de se rompre n'importe quand. Moi, imbibé comme j'étais, je ne savais rien de tout ça. C'est ma femme qui m'a raconté. La veille de l'enterrement, elle m'a fait lire la lettre que notre fils nous avait laissée. Puis elle l'a brûlée.

— Donc, vous n'en avez plus de traces. »

Il se cogne le crâne. « Les traces sont ici. Excessivement nettes, si vous tenez à le savoir. Cette lettre était une proclamation en deux temps. Dans la première partie, Alexis expliquait son geste, en quoi son geste nous délivrait et ce que nous devions faire par la suite. Sa petite amie de l'époque, qui avait promis de l'attendre à sa sortie de prison, avait disparu dans la nature. Pas de boulot, plus d'amour : l'avenir s'annonçait glauque. Et puis il y avait cet anévrisme. Le jour où il péterait, il le laisserait paralysé, ou mort. Mon fiston était fatigué, voilà tout. La seconde partie s'apparentait à un programme. Notre fils voulait que nous vivions mieux. L'idée des cultures sur le toit, c'est lui. Celle des fêtes absurdes aussi, et des escaliers new-yorkais. Seuls Raymond et Ahmed sont au courant. Ma femme l'était aussi, de son vivant. Sauf que chez elle, la douleur l'emportait sur l'espoir. C'est pour cela qu'elle a détruit la lettre. Elle n'avait plus la force de croire en tout ça, plus le courage d'espérer sans lui. »

Je hoche la tête, interloqué. Jean-Pierre M. remet le cadre à sa place. « Mon fils est à l'origine de tout. À présent, nous débordons d'idées. *Nos* idées. Nous avons établi un partenariat avec trois autres ensembles – l'un à Detroit, l'autre à Mexico, le troisième à Manchester. Nous partageons des théories, des méthodes, des projets.

Nous allons organiser des échanges et un programme de correspondances. Vous savez, je n'aurais jamais imaginé ce qu'allait devenir ma vie lorsque Alexis était en prison. Je ne pensais qu'à moi, à ma petite misère tranquille. La nuit où notre fils s'est tué, j'ai arrêté de boire. Ma femme a lâché son fardeau : elle s'est effondrée à ma place. Peu de temps avant de mourir, elle a compris que j'allais m'en sortir. Ses derniers mots ont été pour moi : "Sois vivant comme il voulait." »

Les yeux humides, il se racle la gorge. « Un certain nombre de recommandations m'étaient personnellement adressées dans la lettre de mon fils. Il me conseillait de lire, il avait dressé une liste d'auteurs à mon intention. Et puis il me demandait de me remettre au dessin. Je n'ai pas peur de dire qu'il m'a sauvé la vie. Regardez. »

Tirant un portefeuille de sa poche arrière, il me le tend ouvert. Un vieux papier y repose, plié en deux. Je l'ouvre doucement. C'est, à peu de choses près, le brouillon de la fresque qui figure sur le flanc de l'immeuble.

« C'est vous qui avez fait ça ? Le modèle ? »

Il acquiesce. « Je gribouillais, dans le temps. J'avais un petit talent, comme on dit. Je n'ai jamais pensé en faire mon métier, mais quand mon fils m'a exhorté à reprendre les crayons, une résistance a lâché en moi. Il fallait que je lui rende hommage : un hommage à la mesure de l'indifférence dans laquelle je l'avais tenu jusqu'alors. »

Debout, pensif, je passe les portraits du buffet en revue. Je repense aux échafaudages, aux travaux de l'immeuble, aux « plans banlieue » éternellement avortés et aux lendemains qui chantent – à tous ces gamins, surtout, qui ont peint cette fresque sans se poser de questions.

Le super-héros des Rameaux, c'est lui, c'est Alexis, bien sûr. Cheveux au vent, bravant l'azur, il nous rappelle que la vie est un songe mais que les rêves survivent à ceux qui se réveillent.

Inspirer/Expirer

Désormais, le Dr Jeffrey-Jeffrey Platatypus (Jeffrey pour les intimes) travaille seul. Légalement parlant, c'est une pratique contraire à la charte des clowns d'hôpital. « Ouais, maugrée le docteur, je suis au courant. »

Notre première rencontre a lieu dans la salle de détente du BC Children's Hospital de Vancouver, où Jeffrey sévit trois jours par semaine. Depuis plusieurs années, notre amuseur est employé par l'association Smiling Sun pour rendre visite à de jeunes malades âgés de cinq à onze ans et leur apporter une pincée de joie et d'espoir. « Guérir par le rire », telle est la mission que s'est assignée Smiling Sun, qui salarie une trentaine de clowns professionnels à travers tout le Canada.

La plupart des enfants concernés sont des patients longue durée, hospitalisés pour des pathologies lourdes de type cancers ou maladies neurologiques évolutives. Certains ne s'en sortiront pas. Les clowns connaissent les enjeux, Jeffrey le confirme. « Je n'ai jamais fait de calculs, mais je pense qu'entre trente à quarante pour cent de nos petits amis ne quittent l'hôpital que dans un cercueil. C'est ce qui rend notre métier si particulier. Les jambes cassées, ce n'est pas trop notre truc. »

À trente-cinq ans, Jeffrey Garner possède de faux airs de Philip Seymour Hoffman : blond, livide, plutôt enveloppé, il rajuste sans cesse ses énormes lunettes noires. « J'ai fait l'école du cirque, puis des études d'art dramatique, que j'ai rapidement abandonnées. La majeure partie de ce que je sais, je l'ai apprise sur le tas. J'ai rejoint Smiling Sun quasi par hasard, après avoir lu une annonce dans un journal. Leur philosophie mêlait arts du cirque, coaching respiratoire et expression théâtrale. J'aimais bien le principe. Nous avons eu trois entretiens. Je crois qu'ils hésitaient. (Il rit.) L'avenir leur a sans doute donné raison. »

Lorsque je lui demande pourquoi il parle de l'association au passé, Jeffrey fixe ses chaussures. « Oh, ils ont beau être adorables, ils vont probablement me virer un jour ou l'autre. Ce que je fais n'a plus aucun rapport avec ce que je suis payé pour faire. Il y a des limites à l'indulgence. »

Entre ses jambes, une sacoche noire repose. Le clown regarde sa montre. Huit heures du soir. Il lui reste une visite à assurer. « Vous voulez venir ? » Je ne dis pas non.

Service oncologie, chambre 17. Malcolm, huit ans, est atteint de leucémie et soigné au BC Children's

Hospital depuis plus de quinze mois. « C'est du cinquante/cinquante, me confie Jeffrey avant d'ouvrir la porte. Mon job, c'est d'aider ces gamins à faire pencher la balance du bon côté. »

Pour tout déguisement, Jeffrey se contente de l'inévitable nez rouge, d'un fond de teint couleur crème et de lunettes de soleil géantes. Sa chevelure, hirsute, arbore des nuances vert pâle. Sans un mot, il approche une chaise du chevet de Malcolm et sort de sa sacoche un lecteur MP3 avec ses enceintes. Quelques branchements plus tard, il est prêt à se lancer. L'enfant suit ses gestes avec curiosité. « On va faire quoi ? Des exercices de voix ?

— Que nenni, Malcolm Ier. On va écouter de la musique qui pique les yeux. Il y avait de la musique, chez toi ? »

Le jeune garçon hoche la tête. « Du rap.

— Parfait. Je veux dire : trop nul. Bon, tu as envie de pleurer, j'espère ! »

L'intéressé écarquille les yeux. « Réponse du patient : "Carrément pas" », traduit Jeffrey en ouvrant un petit carnet. Et le voici qui prend des notes, à toute vitesse. « Nous disons donc : le patient n'exprime aucune envie de chialer comme une madeleine jusqu'à ce que ses draps et son oreiller soient imbibés de sa tristesse et qu'une fort peu esthétique flaquette de liquide lacrymal comprenant dioxygène, nutriments divers et lysozyme se forme au sol et rende la femme de ménage folle à lier. »

Malcolm s'esclaffe. Jeffrey ôte son nez rouge, le considère avec scepticisme, le remet en place. « Sais-tu pourquoi il est primordial de pleurer, Malcolm ?

— Non.

— Parce que ça fait du bien. Dans la vie, il y a des choses gaies et des choses tristes. Pleurer, ce n'est pas triste. C'est une réaction. Ça soulage. Pleurer, c'est rendre au monde un peu de la beauté qu'il nous a donnée, ce qui n'est pas anodin. On peut pleurer de joie ou de tristesse mais les larmes, toujours, sont l'extrême sourire. Tu sais qui disait ça ?

— Non, répète Malcolm.

— Moi si, mais j'ai oublié. Regarde ce lecteur MP3. Tu le vois bien ? Il y a dix chansons à l'intérieur, dix chansons qui *peuvent* te faire pleurer. Je ne te promets pas qu'elles le feront à coup sûr, hein. Mais je veux que nous les écoutions, toi et moi. Et je préfère te prévenir : nous réitérerons l'expérience chaque fois que je viendrai afin qu'elles fassent partie de toi, mon vieux, et que tu les emportes partout où tu iras. Par exemple, si tu sors de cet hôpital pour aller cueillir des baies. Ou si tu meurs – argh, gloups et tout le bazar. Ou si tu convoles en justes noces. Ou si ton père a un accident de parapente (ne me dis pas qu'il ne fait pas de parapente). Ou si tu assistes à la naissance de ton premier enfant. Ou si une guerre est déclarée. Ou si un *arc-en-ciel* est déclaré. Est-ce que tu comprends ce que je dis ?

— Non.

— Magnifique. Ma première chanson est l'œuvre d'un groupe américain qui s'appelle Wilco. Elle s'appelle *Jesus, etc.* Super titre, n'est-il pas ? »

Il appuie sur une touche. La musique s'installe, douce, mélancolique – violons légers et guitare discrète. Paupières mi-closes, Jeffrey rejette la tête en arrière et fredonne. Le petit garçon ne le quitte pas des yeux. Lorsque le morceau s'achève, le clown fait semblant de se réveiller. « Alors ?

— Joli, reconnaît l'enfant.

— Joli ? Punaise de punaise. Bon, on la réécoutera demain. »

Malcolm approuve, silencieux. Jeffrey se gratte une joue. L'enfant, qui n'est pas très sûr d'avoir dit ou fait ce qu'il fallait, hasarde une question. « De quoi est-ce que ça parle ? »

Sourire du clown. « De la peur d'être seul. Les gens ont rarement peur de la mort en elle-même, je ne t'apprends rien. Les gens ont peur de rompre le lien avec ceux qu'ils aiment. Si tu étais le dernier petit bonhomme sur terre, mourir te serait bien égal.

— Pourquoi vous me dites ça ?

— Je ne sais pas. »

Malcolm cligne des paupières. Jeffrey lui presse la main. « Allez, oublions ces bêtises. On va écouter *Save Me* de Aimee Mann, et *Breathe Me* de Sia, et *Everybody Hurts* de R.E.M. Tu préfères quoi ? »

Le Dr Su Yen, qui suit personnellement le dossier de Malcolm et de six autres jeunes patients pris en charge par Jeffrey, me reçoit le lendemain dans son bureau.

C'est une jeune femme d'une trentaine d'années à la voix très douce et à la froideur toute professionnelle. Les frasques du Dr Jeffrey-Jeffrey Platatypus ne lui sont nullement étrangères, et son timbre trahit un certain agacement. « En principe, explique-t-elle, je n'ai rien contre ce genre d'initiative. Mais les frontières sont claires : les clowns ne sont pas des intervenants médicaux, ils ne possèdent aucune compétence en ce domaine. Leur présence est un plus, je ne peux pas le nier. Le problème numéro un de nos patients, c'est la solitude et son corollaire, l'ennui. Tout ce qui ne fait pas du mal contribue en théorie à faire du bien. Et c'est là que le bât blesse, avec Jeffrey : ses stratégies sont indéchiffrables. Des parents se sont plaints. Ce n'est plus la thérapie par les rires, c'est la thérapie par les larmes. Nous ne nous y retrouvons pas. Quand le Dr Platatypus est intervenu ici pour la première fois, il y a deux ans, tout s'est formidablement bien passé. D'abord, il travaillait en duo avec une jeune fille. Et puis il était très drôle. Il faisait de tout avec les enfants : même du taekwondo en mime. Aujourd'hui, ça ne va plus. Qu'est-ce que des enfants de sept ans peuvent comprendre à des chansons de trentenaires, hein ? Très franchement, j'aime beaucoup Jeffrey mais je pense qu'il serait bien inspiré de régler *d'abord* ses problèmes. J'ai déjà envoyé deux notes de service à ma direction. J'attends. Des mesures devraient être prises, dans l'intérêt de chacun. »

Depuis quelques semaines, Jeffrey Garner vit dans un camping-car familial à la périphérie de la ville – Hyannis Drive, en bordure de Forest Mountain. « Ce vieux char, m'explique-t-il le lendemain matin lorsque je le retrouve là-bas, assis sur son marchepied, je l'ai racheté à mon père. Le nomadisme est un mode de vie qui me convient à la perfection. » Silence dans le quartier. Jeffrey désigne les sapins alentour. « Je suis bien, ici. Les gens du coin sont adorables. Ils ne roulent qu'à vélo et mangent des carottes. Mon permis de séjour est illimité. » Quand je lui demande si Smiling Sun n'est pas censé lui payer un hébergement, le clown se montre évasif. « Ils ont assez de soucis comme ça. »

Jeffrey m'invite à prendre un café à l'intérieur. Le lecteur MP3 qu'il a apporté hier à l'hôpital trône sur le réfrigérateur. Des listes de chansons, griffonnées au crayon à papier, sont aimantées sur la porte. Elliott Smith. Cat Power. Sparklehorse. The National. « J'en suis à une trentaine de titres, déclare le jeune homme, qui a suivi mon regard. La quête de la liste parfaite, celle qui ne pourra plus être changée. J'en viens à en rêver la nuit. »

Nous ressortons. Mon hôte s'allume une cigarette à l'eucalyptus. « J'ai arrêté, précise-t-il, mais le geste me manque. » Je l'interroge sur son avenir immédiat. Seize jours encore à Vancouver, et ensuite ? « Je vais peut-être aller prendre une semaine de vacances du côté de l'Okanagan. Les lacs, la solitude. J'en ai besoin. »

Il plisse les yeux, secoue une allumette. Plusieurs questions me viennent à l'esprit, aucune ne franchit la barrière de mes lèvres. Jeffrey tapote le cadran de sa montre. « Bon, vous êtes venu pour l'histoire, pas vrai ? » Je ne peux que confirmer. Hier au soir, au moment de partir, je l'ai croisé sur le parking. Il était au téléphone mais il a pris le temps de s'interrompre, masquant le haut-parleur de sa paume. « Vous ne comprenez pas grand-chose à ce cirque, hein ? a-t-il chuchoté. Le timing n'était pas très bon cette fois-ci. Venez me voir demain matin, OK ? Je suis sur Hyannis Drive, vous ne pouvez pas me louper. »

Jeffrey s'assied en tailleur à même le sol. Je m'adosse au camping-car. Dans le ciel immaculé, un nuage unique s'attarde et se désagrège, comme un dessin froissé par une main d'enfant. Si je fumais, ce serait l'occasion rêvée.

Le clown, lui, forme des cercles de brume aromatisée avec sa bouche et les libère d'un souffle.

« Le lieu, on s'en moque. C'était une petite fille de sept ans, elle s'appelait Allison. Cela faisait des semaines que je venais la voir. Une gamine surdouée et très courageuse : je veux dire, plus encore que les autres. Son cancer était particulièrement agressif. On l'avait soignée une première fois, elle s'en était tirée mais il y avait eu une rechute et, à la tête des médecins, on comprenait bien, Deborah et moi, qu'il n'y aurait pas de seconde chance.

— Deborah ?

— Ma partenaire de clowneries. Ma compagne de vie. Nous étions très amoureux. »

Il écrase sa cigarette au sol. « Notre travail devenait délicat. Allison arrivait en bout de route. Les médecins l'avaient abrutie de morphine. Parfois, elle perdait connaissance au milieu d'une phrase, comme quelqu'un qui rate une marche. Elle n'avait même plus la force de rire. Mais elle souriait. C'est difficile à expliquer. Disons qu'après l'avoir vue sourire, vous ne pouviez plus considérer le monde de la même façon. Nous nous sentions dramatiquement idiots, avec nos blagues et nos nez rouges. Dépassés comme personne. Et puis, un matin, dans l'ascenseur, Deborah a craqué. Nous avions dû interrompre notre séance parce qu'Allison n'était plus en état de nous suivre. Terrible crise de larmes, du huitième étage au rez-de-chaussée. Nous sommes sortis sur le parking. J'ai retenu Deborah par le bras. Elle s'est dégagée et m'a lancé un regard de haine pure, comme si tout ça était ma faute. Je ne savais pas quoi lui dire. J'étais celui qui avait insisté pour que nous accompagnions cette petite. À présent, notre travail ne semblait plus avoir aucun sens. J'ai posé des questions, les questions sottes et maladroites qu'on pose dans ces cas-là. Deborah n'y a pas répondu. Elle a dit qu'il lui fallait du temps. Des vacances. De loooongues vacances. »

Il ricane. « À partir de là, tout est allé de mal en pis. Le lendemain, je suis retourné à l'hôpital, seul. Allison avait baissé les bras : les médecins m'ont fait savoir que "l'exploration des solutions thérapeutiques" avait été menée à son terme. Autrement dit, ils allaient l'aider à mourir. J'ai demandé si je pouvais continuer à lui rendre visite. Ils m'ont répondu qu'ils n'y voyaient pas d'objection particulière, dès lors que je n'exigeais d'elle aucun effort, physique ou émotionnel. Je suis rentré à l'hôtel. Deborah avait vidé les lieux en me laissant un mot. Elle était partie chez sa mère ; elle me suppliait de ne pas l'appeler. "Laisse-nous une chance", voilà ce qu'elle avait écrit. Ah ouais ? Bon, je ne vais pas m'étendre trois heures sur le sujet mais, pour résumer, disons qu'elle n'est pas allée chez sa mère. Disons que nous ne nous sommes jamais revus. »

Il renifle, tire la langue au soleil. « Au cours des trois nuits qui ont suivi, j'ai dû dormir une heure en tout et pour tout. J'étais assis sur mon lit, écouteurs sur les oreilles, et je ne faisais que sangloter en écoutant toutes les chansons que Deborah et moi avions aimées. Je me repassais les plus misérables en boucle. Je me disais : tiens, ça, c'était le jour de notre premier baiser. Ça, la fois où elle est restée chez moi. Et celle-ci, le soir où nous avons marché dans Manhattan jusqu'à l'aube. Chaque chanson trimballait son histoire, sa petite vérité irritante et intime. Au quatrième jour, j'ai essayé de me reprendre en main. Mon visage était bouffi, je pleurais sans m'en rendre compte – aucun doute, je faisais un clown idéal. Je suis allé retrouver Allison. Je me disais que ça allait me tuer et me sauver à la fois. En fin de compte, je n'étais pas loin de la vérité. »

Il sort une autre cigarette de son paquet, la laisse au coin de ses lèvres sans l'allumer. « La petite allait très mal. Ses parents venaient de partir. Qu'est-ce que je pouvais lui dire ? Sur le chemin de l'hôpital, je m'étais passé *Intervention* d'Arcade Fire cinq fois d'affilée. Quand je suis entré dans sa chambre, je lui ai simplement tendu les écouteurs. Cela me paraissait la seule chose naturelle à faire. Oh, ce visage ! Elle m'a dit que c'était beau, que les paroles étaient jolies. C'était une petite fille extraordinaire, tellement brillante. Tout ce que je voulais, c'était voir cette étincelle dans son regard. »

Il marque une pause. « Le jour d'après, j'étais de retour avec d'autres chansons. *Fox in the Snow* de Belle & Sebastian. *Wicked Game* de Chris Isaak. *Mad World* de Gary Jules. Je lui tenais la main. Je lui racontais comment j'avais découvert tout ça. Elle pleurait, je pleurais aussi mais ça n'avait aucune importance. »

Il s'arrête encore, glisse sa cigarette sur son oreille. « Je suis revenu tous les jours. Nous en étions arrivés à élaborer une sorte de top 10, les dix chansons à emporter sur la dernière des îles désertes. N'importe qui peut jouer à ce jeu. On connaît tous des chansons capables de nous briser le cœur. En temps normal, on évite d'y penser. Mais si notre grand-père meurt. Ou que l'automne brunit. Ou qu'on reçoit une lettre qu'on ne voulait pas recevoir. Ou que la vieille maison de famille est vendue. Lorsque nous nous rappelons que la vie ne nous a jamais rien promis, que la beauté et la tristesse ne sont que les deux faces d'une seule et même pièce et que cette pièce n'en finit pas de tourner sur la tranche, alors… »

Il hésite un instant, cherche ses mots. « La veille de sa mort, nous étions parvenus à la sélection idéale. Je ne savais pas qu'elle était si mal en point, alors, je ne voulais pas le savoir, mais un médecin est apparu et m'a fait comprendre qu'il ne me restait que cinq minutes. Qu'on ait réussi à boucler cette liste, Allison et moi, ça ne me paraissait pas très bon signe, à bien y réfléchir. Qu'allait-elle en faire, de ces chansons ? Ce soir-là, quand je lui ai dit au revoir en posant un baiser sur son front brûlant, j'ai eu le sentiment de boucler le chapitre final d'une saloperie de conte de fées. Elle a attrapé ma main et l'a tenue serrée sur sa poitrine. Mon cœur a explosé sans bruit. Je voulais dire "à demain" mais j'en étais incapable. La dernière chanson de notre top 10 passait et repassait dans ma tête : *Sometime Later* d'Alpha, issue du trop méconnu *ComeFromHeaven*. Un morceau pluvieux, déchirant. Lorsque je suis sorti sur le parking où Deborah avait initié notre rupture, mes larmes ont jailli de nouveau et se sont mêlées à la pluie. Je ne pouvais plus les arrêter. *Hold the sun*, répétait le chanteur. *Hold the sun.* »

Il lève vers moi des yeux embués. « Allison est morte le lendemain à 6 h 38. Je l'ai sentie partir, je le jure, je l'ai sentie comme un frisson. J'étais étendu sur mon lit, la pluie glissait sur la vitre, et une voix suppliait dans mon esprit, *Leave me to rest*. Quand je suis arrivé à l'hôpital pour l'ouverture, j'ai lu dans le regard de la réceptionniste que je ne m'étais pas trompé. J'ai couru vers sa chambre. Elle était verrouillée. Un médecin a posé une main sur mon épaule. "Je vous attendais, a-t-il murmuré. Il y a quelque chose pour vous." Il a sorti une feuille de sa poche. Quelques lignes tremblaient, fragiles, empressées. Tenez. »

Il me tend le papier.

Cher monsieur Jeffrey-Jeffrey,

Je vous écris ce mot avant de me rendormir. Cette nuit, pour la première fois depuis bien longtemps, je n'ai pas eu peur.

J'ai rencontré quelqu'un qui avait une voix incroyablement douce. Quelqu'un de très, très lumineux. Vous avez déjà regardé le soleil en face ? Moi non plus.

Je présume qu'on s'habitue à tout.

Je portais les chansons en moi, exactement comme vous m'avez dit. À chaque respiration, l'une d'elles s'échappait de ma bouche, semblable à un papillon.

Je les ai bien comptées – jusqu'à dix.

Le personnage les a recueillies dans ses mains et les a contemplées longtemps, comme des trésors. Puis il a relevé la tête. À cause de la lumière, je distinguais mal son visage. Mais je l'imaginais. Et je sais qu'à un moment, il a souri.

Il a souri, et il a fait quelques pas vers moi, et il s'est penché vers mon oreille, et il a commencé à chanter. C'était une chanson très simple, monsieur Jeffrey-Jeffrey. La plus simple que nous ayons jamais entendue.

Évidemment, j'ai oublié le titre. Mais à présent que je sais qu'une telle chanson existe, je vais beaucoup mieux et je n'ai plus peur de rien, de rien du tout, je me sens légère et confiante en l'avenir.

Pour ça et pour le reste,

Merci.

Allison, 4 h 51 du matin

« À côté de cette lettre, m'a dit Jeffrey, sur la petite table de nuit, il y avait notre liste imprimée, les titres que nous avions choisis : *Old Man*, Love. *Saint Simon*, The Shins. *The Greatest,* Cat Power. *Love Comes to Me,*

Bonnie Prince Billy. *Intervention,* Arcade Fire. *Tiny Vessels,* Death Cab for Cutie. *Some of Them Were Superstitious,* Midlake. *Waltz #2,* Elliott Smith. *Exit Music (for a Film),* Radiohead. *Sometime Later,* Alpha. Et au dos du message, allez-y, tournez-le… »

Je tressaille. « Est-ce que…

— Soyons clairs, marmonne Jeffrey : je ne cherche pas à vous faire comprendre quoi que ce soit. Je ne crois pas spécialement aux anges, je ne saurais même pas vous dire ce que c'est, je vous raconte ce qui s'est passé, en toute simplicité. Ce dessin, je l'ai gardé comme sésame, comme objet de méditation. Après ça, je n'ai plus été le même. En résumé, j'ai arrêté de faire rire les enfants et je me suis spécialisé dans les chansons. Les dix plus belles et plus tristes chansons du monde. Je discute de ça avec les gosses, aujourd'hui encore. Nous écoutons ensemble. Nous établissons des listes, toujours différentes. Le risque est connu : que certains ne s'en sortent pas. Ce qui se passe pour eux quand on débranche les appareils, je n'en ai aucune idée. On peut imaginer un lieu trop lointain, une vitre en Plexiglas. Les morts oublient les vivants bien vite, c'est une certitude. J'aime l'idée qu'ils emportent quelque chose avec eux. Que cette triste beauté n'est pas complètement vaine. »

Deux jours après notre discussion, par téléphone, la direction du BC Children's Hospital signifie à Jeffrey Garner la fin de leur collaboration. Il m'appelle pour m'en informer. Je cours le retrouver juste avant son départ.

Fataliste, mon clown déchu a déplié une carte de l'Ouest américain sur son volant. Dans le lecteur de son camping-car, des dizaines de chansons tristes attendent, parfaites pour voyager loin. Portant deux doigts à sa tempe, il m'adresse un salut militaire. Je le trouve en bonne forme. « Mouais, je vais aller pleurer ailleurs », déclare-t-il. Avant d'éclater de rire.

Clé de contact, rugissement de moteur, une nouvelle chanson s'élève : *Perfect Day* de Lou Reed – bien assez belle et triste pour ce monde-ci.

Le lion et le labyrinthe

Au physique, Vivian S. est le portrait-robot de la romancière anglaise cuvée 1920. Le hic, c'est que nous sommes au XXIe siècle et qu'elle n'a jamais écrit une ligne. Mais est-ce si important ? Nous nous trouvons à Bloomsbury, au cœur de Londres, et Vivian S. cultive la distinction avec l'amour que l'on porte d'ordinaire aux orchidées les plus rares. Chignon gris, lunettes d'or, nez mutin et grands yeux verts, elle appartient à une espèce en voie de disparition – celle qui lit Oscar Wilde le dimanche avant la messe et sirote du thé au jasmin dans son fauteuil Chesterfield.

Nous sommes en novembre, et les carreaux sont zébrés de pluie fine. Sur le secrétaire en merisier : un portrait de la reine en ses jeunes années. Sur la table du salon : tasses et soucoupes de ce qui pourrait être la meilleure porcelaine au monde. De la fenêtre : vue sur les jardins embrumés de Bloomsbury Square, où rôde le fantôme émacié de Virginia Woolf. Des écureuils folâtrent dans les hautes branches, je les ai aperçus tout à l'heure.

Debout dans un coin de la pièce, doigts croisés, Vivian S. attend – se retenant, j'imagine, pour ne pas lisser un pli connu d'elle seule sur son tailleur blanc crème.

C'est dans un silence de tombeau que j'examine la correspondance de son fils : la maîtresse des lieux n'a pas prononcé un mot depuis plus de trois ans. D'après ses voisins et les gens qui la connaissent, elle ne souffre d'aucun problème physique, d'aucune pathologie mentale. Dans ses lettres (Vivian S. ne connaît pas l'ordinateur, n'écrit que sur du papier Bristol de grammage supérieur, et à la plume), elle évoque avec une pudeur d'un autre temps les circonstances du drame à double détente qui l'a privée de parole.

L'histoire commence il y a quatre ans par un appel téléphonique passé de Dodoma, Tanzanie. On apprend à Vivian S. la mort accidentelle de son mari – apparemment tué par un lion. Problème : Thomas S., chirurgien de renom, n'était pas censé se trouver en Tanzanie au moment des faits, mais à Johannesburg, en Afrique du Sud, pour un congrès sur le traitement des insuffisances veineuses. Après vérification, il s'avérera que le congrès en question n'a jamais existé : Thomas S. s'est offert une escapade crapuleuse en Afrique en compagnie d'une infirmière diplômée de trente ans sa cadette.

Dévastée, sa femme est sommée de se rendre sur place pour procéder à l'identification du corps et s'occuper des formalités de rapatriement.

Ici, l'image devient floue. Du mari en question, il ne subsiste qu'un torse. Le lion, expliquent sans ménagement à Vivian les officiels de l'Aire de conservation du Ngorongoro, a probablement dévoré le reste. Et la maîtresse ? Envolée. Au terme d'une brève investigation, Vivian apprend qu'elle ne se trouvait pas avec Thomas lorsque le drame s'est produit. Ne le voyant pas rentrer, elle se serait contentée d'alerter les gardes du parc, avant de repartir en Angleterre deux jours après la découverte du corps.

Les formalités sont longues, complexes, onéreuses. Les autorités locales paraissent modérément concernées. Une enquête est tout de même ouverte. On pose à Vivian des questions désagréables et stériles. Une semaine plus tard, elle rentre à Londres avec les restes de son époux. Les funérailles se tiennent dans une stricte intimité. En Tanzanie, on prévient la veuve que l'enquête a bien peu de chances d'aboutir. Apparemment impassible, Vivian s'emploie à trier les affaires de son mari. Son fils unique, Jonas, qui poursuit des études de droit à Brighton, vient s'installer chez elle pour les vacances. Refusant de croire à la thèse de l'accident, il l'interroge sans relâche puis contacte des amis avocats et ouvre un site Internet, qui fermera par la suite dans des circonstances assez troubles. Deux mois plus tard, il s'envole pour la Tanzanie.

À la Brighton Business School, on n'a reçu qu'un mail laconique dans lequel l'étudiant, âgé de vingt ans, informe la direction de sa volonté de prendre un congé sabbatique « pour affaires personnelles ». Aucune date de retour n'est spécifiée.

Vivian est au désespoir. Son fils étant majeur, lancer une procédure de recherche est exclu. Elle se tourne alors vers un détective privé. Les honoraires demandés, alourdis par de considérables frais annexes, la font vite renoncer.

Et puis un soir, Jonas l'appelle. Il est arrivé en Tanzanie, il a loué un appartement, il va bien. Pour l'heure, il rassemble des informations. « Je suis sur une piste, affirme-t-il. Je t'en dirai plus bientôt. »

Il promet de lui écrire chaque fois que possible. Elle recevra six lettres de lui en tout et pour tout. Les trois premières, je les connais : Vivian m'en a envoyé des photocopies. Les trois autres, « elle ne veut pas y toucher » – ce sont ses propres termes. « Vous pouvez venir les lire, m'écrit-elle dans son dernier courrier, mais je dois rester à vos côtés, dans la même pièce, je dois m'assurer que vous ne les abîmez pas. »

C'est une requête pour le moins singulière, dont je ne cherche pas à connaître les motifs. J'ai envie de rencontrer cette femme : je m'en tiens à cette certitude. Le personnage m'intrigue, au moins autant que le contenu des lettres.

Me voici donc, assis devant les missives dûment plastifiées, sentant le regard de Vivian peser sur moi. Qu'y a-t-il là-dedans de si précieux pour qu'elle n'ose même pas « prendre le risque de sortir avec dans la rue » ?

Les trois premières lettres, que j'ai relues dans le train, racontent l'arrivée de Jonas dans le parc du Ngorongoro, baptisé « huitième merveille du monde ». Volcans majestueux, savane à perte de vue, chutes d'eau vertigineuses : on vient du monde entier pour admirer les vestiges de ce cratère grandiose. Au rang des pensionnaires les plus populaires : hippopotames, gazelles, buffles, girafes, hyènes, zèbres, flamants roses, rhinocéros, éléphants, guépards, et lions, bien sûr.

Étendu sur près de 8 300 kilomètres carrés, le parc culmine à une altitude de 3 387 mètres. Thomas S. et sa maîtresse résidaient au Ngorongoro Crater Lodge, base d'excursions pour touristes fortunés. Sur place, Jonas loue une suite à son tour. Sans évoquer les véritables raisons de sa venue, il sympathise avec le personnel et les guides. Son but ? Élucider les circonstances du drame. Une chronologie est élaborée. Les premiers jours de villégiature. Les disputes, de plus en plus fréquentes. Le départ de Thomas, un matin, en Jeep, seul. L'affolement de sa dulcinée. Les recherches. La découverte du corps par un Massaï. Les discussions avec d'autres Massaï, surtout, conduisant Jonas sur la piste d'un lion, et pas n'importe quel lion : un animal quasi légendaire baptisé En-keeya (mot signifiant « mort » dans l'idiome local) qui, selon les populations locales, errerait dans la savane depuis plus de cinquante ans.

À partir de là débute ce que Vivian appelle le récit « mystique » de son fils. Impassible, la femme me fixe sans ciller. Soudain, je prends conscience du caractère parfaitement inopportun de ma visite. Cette affaire n'est-elle pas beaucoup trop « personnelle » pour moi ? Ai-je le droit de m'inviter ainsi dans l'existence des gens, d'exhiber leurs secrets ? Je n'en suis plus très convaincu. Me lever serait plus sage : prendre congé, quitter Bloomsbury et quitter Londres, oublier jusqu'à l'existence de ce lion. Mais Vivian ne me laisse pas faire. Elle s'avance, éparpille les lettres sur la table, m'encourage à poursuivre. « Vous êtes un homme ouvert, m'écrit-elle dans un récent courrier, dépourvu d'*a priori* – tout le contraire des amis de mon époux. Mon fils a disparu il y a trois ans. Je ne m'attends pas à ce qu'il soit retrouvé. Comment pourrait-il l'être ? La Tanzanie regorge de trafiquants, de braconniers, de détrousseurs sans foi ni loi. Dans certaines zones, on déconseille aux touristes de se promener seuls. Peut-être l'histoire de Jonas est-elle aussi simple que ça. Peut-être pas. Quoi qu'il en soit, j'ai besoin que quelqu'un lise après moi. »

Des trois dernières, la première lettre est la plus courte. La graphie est vive, saccadée, et le papier taché par endroits.

Chère maman,

Je t'écris à l'arrière de la Jeep qui me ramène au lodge. J'ai passé la nuit dehors. Comme je te l'avais annoncé, je suis parti hier à la recherche du lion En-keeya. « Batisho, batisho », répétaient les Massaï en observant mes préparatifs : « Danger ». Le grand Mike m'a confié un projecteur hypodermique à seringue, désignant mon fusil d'un hochement de tête. « Si tu te sers de cette arme, ce sera la prison, mon frère. » J'ai essayé de le rassurer. Au vrai, je ne voulais pas faire de mal au lion. Je voulais l'approcher, le voir, comprendre ce qui s'était passé. Car c'est lui, aucun doute là-dessus, c'est lui qui a dévoré mon père, les Massaï me l'ont certifié. Sept morts cette année parmi les touristes et les guides. Les médias n'en disent rien : le tourisme avant tout. On parle d'accidents. Mais cet animal est un tueur, cet animal [...]

Les quelques lignes suivantes sont illisibles, la faute à un papier détrempé. Le cours du texte reprend deux paragraphes plus tard.

[...] trouvé vers sept heures. Le crépuscule s'étendait sur la savane. En-keeya était seul, allongé au pied d'un arbre. Je me suis approché aussi près que possible, tremblant de tous mes membres. Il a tourné la tête vers moi. Il m'attendait.

J'ai tiré une première fois. Il s'est redressé d'un bond et s'est avancé, au petit trot. Une sueur mauvaise poissait ma chemise. J'ai tiré encore. Il a grogné, a fait quelques pas, et s'est affaissé dans les hautes herbes.

J'ai attendu une bonne minute avant de me décider à réagir. La bête dormait, paisiblement. Et maintenant ? ai-je pensé. J'ai posé une main sur son flanc. Sa respiration était lourde, profonde – un calme souverain m'envahissait. Il était là, l'assassin de mon père : une chose pesante et sans âme, rêvant de sang et de chasses infinies. J'ai essayé de le traîner au sol. C'était illusoire. Je suis retourné à la voiture dans l'intention de me garer près de lui et de le hisser à bord. J'ai tourné la clé de contact : rien. Je me suis acharné. En vain.

Au bout d'un moment, j'ai ôté la clé. J'étais seul, perdu dans la savane au côté d'un lion tueur qui allait se réveiller d'ici quelques heures. La nuit tombait. Je ne peux pas dire que l'idée de lui loger une balle dans la nuque ne m'a pas traversé l'esprit. Je ne l'ai pas fait.

Il y avait une couverture à l'arrière. Faute de mieux, je me suis enroulé dedans. Plusieurs personnes savaient où j'étais parti, et avec quel objectif. Mon absence n'allait pas tarder à être remarquée. Les recherches commenceraient demain à l'aube.

J'ai essayé de dormir. Toutes les trois minutes, je me redressais en sursaut. Mes rêves étaient écarlates, terrifiants, morcelés.

Il devait être une heure du matin lorsque j'ai entendu les premiers grognements. J'ai allumé ma lampe torche. C'étaient des hyènes. Elles nous avaient repérés, et elles s'approchaient avec circonspection.

Le lion dormait toujours. J'ai armé mon fusil. J'ignorais combien de balles il y avait dedans. Certainement pas assez pour chacune de ces bêtes, en imaginant que j'arrive à les atteindre dans le noir.

Les hyènes progressaient par cercles concentriques. Sur le coup d'une heure et demie, brutalement, elles sont passées à l'attaque.

J'ai tiré un premier coup en l'air, puis un deuxième, dans la masse grouillante. Un glapissement m'a répondu : j'avais fait mouche. Rasséréné, j'ai fait feu une nouvelle fois. En pure perte. Debout dans la voiture, je me tournai de tous côtés.

L'un des animaux, qui s'était glissé jusqu'au lion endormi, le reniflait en grognant. Fusil levé, je suis descendu de la Jeep. Bang ! La hyène a basculé, touchée en pleine tête. Les autres m'observaient, leurs yeux blancs brillant dans la nuit. Elles devaient se demander ce qui me prenait.

Ce n'était pas à moi qu'elles en voulaient.

C'était à En-keeya.

J'ai tiré encore, jusqu'à ce que mon chargeur soit vide. Dans ma précipitation, je n'avais même pas songé à emporter des munitions. Je me sentais affreusement stupide. La savane était impitoyable, mille fois plus cruelle que moi.

J'ai essayé de regagner ma Jeep. Un couple de hyènes me barrait le passage. Ces animaux n'avaient peur de rien et ils étaient affamés – suffisamment pour prendre tous les risques.

Un grognement s'est fait entendre. Je me suis retourné. Le lion se réveillait, maman. En-keeya, tel qu'en sa splendeur. Un feulement à faire trembler la plaine. Les hyènes se sont figées, interdites. Le fauve se relevait maladroitement, il était groggy. Nos assaillantes se sont dispersées sans le quitter des yeux. Elles savaient à qui elles avaient affaire.

La voie jusqu'à la Jeep était de nouveau libre. En ce qui me concernait, cela ne changeait pas grand-chose.

Le lion s'est mis à grogner plus fort. Cette fois, les hyènes ont détalé sans demander leur reste. J'ai foncé vers la Jeep. En quelques foulées, En-keeya m'a coupé la route. Nous nous trouvions face à face, à présent. L'immense prairie ondulait sous le vent. Dans le ciel, la lune avait ouvert la bouche. Je me suis dit que c'était la dernière chose que je verrais jamais. Je ne ressentais nulle peur.

Mon fusil est tombé dans l'herbe. Lentement, En-keeya s'est coulé vers moi. Il me fixait droit dans les yeux et son regard était dénué d'équivoque. « Oui, petit d'homme, je suis bien celui que tu cherches. » J'avais l'impression de lire dans ses pensées. Mais lorsque sa gueule s'est ouverte, maman, lorsqu'il s'est arrêté devant moi et qu'il s'est couché à mes pieds, j'ai compris que je m'étais trompé depuis le commencement. Sa voix s'est élevée, chaude, mélodieuse. Les poils de ma nuque se sont hérissés. Il a prononcé un mot unique : « Merci. »

Je relève la tête. Vivian S. guette ma réaction. J'acquiesce, sans trop savoir à quoi. Nous partageons un secret, désormais, et je comprends pourquoi cette femme ne tient pas à ce que je lise ces textes ailleurs que chez elle : elle ne veut pas qu'il soit dit que son fils était fou.

La deuxième lettre est déchirée en partie. Ce qu'il en reste me laisse sans voix.

[...] jours plus tard au cœur de la savane et seul, une fois encore, en dépit des recommandations du grand Mike. Mais En-keeya reste introuvable.

Pour finir, et ainsi qu'il l'avait promis, c'est lui qui vient me trouver : une nuit, devant mon bungalow.

Je sors pieds nus. Il patiente, couché dans l'herbe sèche. Seule la conscience de l'instant m'habite. J'ai quitté le monde sensible, la voie royale des mortels rassurante et si morne. Le lion l'a compris. Il s'adresse à moi d'égal à égal. En-keeya a tué mon père, c'est une réalité indéniable. Mais pourquoi ?

Le mot « pourquoi » ne fait pas partie du vocabulaire des mâles dominants de la savane. Les choses adviennent, et c'est tout. Mon père était un faible : voilà ce que me fait comprendre le lion. Une chance lui a été accordée mais il n'a pas eu le cran de la saisir.

Suis-je de ceux qui relèvent les défis ? En-keeya s'éloigne, de sa démarche royale. Il m'invite à le suivre. [...]

Nous marchons une nuit, puis un jour et une autre nuit, parmi les frôlements et les murmures, dans la grande plaine des vents lunaires. L'herbe est pareille à un océan argenté dont rien ne pourrait atténuer la houle. La fatigue m'a abandonné : mue de serpent devenue vaine. Je marche léger, libre et affamé, et le lion me précède vers les falaises du cratère. [...]

Je repose la deuxième lettre. Je sais que Jonas n'est jamais rentré d'Afrique. Les questions ne s'en bousculent pas moins. Vivian, dont l'existence n'est plus qu'anticipation, tire un calepin de sa veste et rédige quelques lignes à mon intention.

Comme je vous l'ai écrit, mon fils ne possédait aucun antécédent psychiatrique. Cela ne veut pas dire qu'il allait bien. Nos relations s'étaient détériorées bien avant la mort de son père.

J'ignorais tout de sa vie étudiante, je ne connaissais pas ses amis, nous étions devenus des étrangers l'un pour l'autre.

Je lui rends son carnet. « Pourquoi m'écrivez-vous cela ? Pencheriez-vous en faveur d'une explication... spirituelle ? »

Elle reprend sa plume.

Je ne penche en faveur de rien. Je n'ai jamais su comment accueillir cette confession. Terminez.

Je fais glisser devant moi les fragments de la troisième et dernière lettre.

[…] de ces falaises vertigineuses. Une anfractuosité s'y dévoile. La grotte ! En-keeya se faufile, et je me lance à sa poursuite.

Mon père est venu ici, je le sais. Son corps gisait non loin de ces arbres. D'après les gardes qui l'ont retrouvé, il a été attaqué à l'intérieur de la grotte.

Il a trouvé la force de sortir. Il perdait du sang en grande quantité, mais il pouvait encore marcher.

Il s'est avancé dans la savane. Le lion devait l'attendre, le plus calmement du monde. Il devait l'observer. Mon père s'est assis au pied d'un arbre, à l'ombre. Puis il est mort.

Le lion l'a dévoré.

Pourquoi les membres seulement ? Les autorités n'ont pas de réponse à cette question. Les Massaï, si : c'est ainsi que procède En-keeya. En-keeya est la mort ravageuse. […]

Je sais sortir d'un labyrinthe. J'ai appris cela, lorsque j'étais petit. Choisir un mur, un seul, et le longer sans cesse, où qu'il mène.

Dont acte. […]

Cité troglodyte. Obscurité totale. La bête est là, je peux la sentir. Aucun des recoins de cet endroit ne lui est inconnu. C'est un défi, et le temps joue contre moi. Si je ne sors pas assez vite, En-keeya reviendra me chercher et me taillera en pièces. [...]

Je me suis mis à courir. Je trébuchais. Pas le moindre briquet. On entre seul dans un labyrinthe. On en sort seul, ou on n'en sort pas. Une forme d'apprentissage sans égale. La mort comme sanction.

Je pense...

Je pense que mon père est resté bloqué dans son existence, maman. Emprisonné par ses mensonges, ses choix factices, ses faux espoirs.

Je crois, fondamentalement, qu'il faut savoir risquer sa vie si l'on veut en tirer quelque bénéfice. [...]

Je suis sorti du labyrinthe. Le lion m'attendait, couché sur le flanc. La lumière du soleil faisait briller sa crinière. On aurait dit un rêve.

Fatigué, il s'est relevé et s'est avancé vers moi. J'ai caressé son pelage couleur flammes. Il a dit ces mots : « Tu peux me tuer. »

Et c'est ce que j'ai fait, mère. C'est ce que j'ai fait.

Le sang d'En-keeya s'est mêlé à la poussière, et les vautours, dans l'azur, ont formé leurs cercles.

À présent, sans retour, j'appartiens à cette terre. Sois heureuse et ne me cherche pas, car tout indique que je n'appartiens plus à ce monde.

Du reste de mon séjour chez Vivian S., il y a finalement peu à dire. La mère de Jonas ne me demande pas ce que je vais faire de cette histoire. Qu'une autre personne en soit dépositaire paraît lui suffire. Brièvement, je pense à ces malédictions anciennes dont on ne se libère qu'en les transmettant à autrui. Aurais-je délivré cette femme ?

Dans mon dernier courrier, je lui ai présenté les grandes lignes de mon projet. Elle ne m'a posé aucune question.

La voici qui range les lettres dans leur pochette. Nous nous serrons la main, cordialement. Je ne sais toujours pas pourquoi je suis venu ici mais je ne regrette plus de l'avoir fait. Ces lettres. Ce vieil appartement enkysté dans *l'attente*.

Fin de l'histoire ? Deux jours après mon départ de Londres, je reçois un mail d'un dénommé Walter Czyzak, professeur de littérature à la Brighton Business School à qui j'avais écrit plusieurs semaines auparavant à propos de Jonas.

L'homme commence par s'excuser de ne pas m'avoir répondu plus tôt, invoquant une série de colloques et de conseils administratifs inévitables. Il me parle de sa matière, ensuite : à quel point elle intéresse peu, en règle générale, des élèves dont le seul désir est d'apprendre, je cite, « à gagner le maximum d'argent en produisant le minimum d'efforts ».

Je me rappelle très bien Jonas, poursuit-il. *Esprit brillant et alerte, drôle souvent, provocateur à l'occasion. Il était doté d'une imagination débordante : il n'était pas parmi nous depuis un mois lorsqu'il a fait croire à ses condisciples qu'un tueur en série s'était introduit sur le campus ; son récit était si convaincant qu'une jeune fille a appelé la police. Notre ami n'a dû qu'à mon soutien et à celui de notre directeur la chance de ne pas être renvoyé. Vous me demandez si je pense que Jonas avait des problèmes ? La réponse est oui. Un jour, il est arrivé dans mon bureau en m'expliquant qu'il se consumait. Nous avons découvert que sa température corporelle était montée au-delà de 41,5 °C. Il a été emmené à l'hôpital en extrême urgence. Dans son délire, il parlait de brûlure intérieure, de clé nécessaire, de porte cachée. Bien entendu, je laisse au médecin qui s'est occupé de lui – et dont je tiens les coordonnées à votre disposition – le soin d'évoquer avec vous les circonstances de son admission, mais le respect du secret médical l'empêchera à mon avis de vous en révéler beaucoup plus. Un bonheur inquiétant habitait ce garçon : la joie de ceux qui savent. Jonas avait accès à des lieux dont la plupart d'entre nous, et c'est heureux, ne soupçonnent même pas l'existence.*

En compagnie de Mark Twain
(et de tous ses amis)

Transie face à l'océan, à l'extrême pointe sud du *borough* de Brooklyn, Coney Island est une contrée que le temps semble avoir délaissée. Il y a plus d'un siècle, avec ses légendaires *amusement parks* et sa longue jetée bordant la plage, elle était le lieu de promenade dominicale favori des New-Yorkais de Manhattan. Aujourd'hui, elle est devenue une station balnéaire fantôme, et les guides touristiques la mentionnent à peine. Au cœur du quartier, large et bruyante, s'élance la singulière Brighton Beach Avenue, avec sa voie de métro suspendue, ses boutiques de vodkas russes et ses vieilles retraitées juives en manteau de fourrure. L'hiver venu, les vestiges du dernier parc d'attractions paraissent plus sinistres encore. Devant des immeubles brunâtres et sans âme, l'antique grande roue grince dans le vent glacé, et seuls quelques promeneurs égarés passent devant les volets de fer des baraques à hot-dogs. C'est ici, se souvient-on, qu'a été tourné le bien nommé *Requiem for a Dream*, l'un des films les plus lugubres de tous les temps, tiré d'un roman magnifique mais non moins désespéré. Il n'empêche : lorsque le ciel est vierge, certains jours de janvier, Coney Island distille un charme indéfinissable – un charme fait de mouettes solitaires, de souvenirs enfouis et de deuils impossibles.

Sophia Devovitch, vingt-huit ans, enseigne l'hébreu dans une école à Manhattan. Sise sur Brighton 5th Street, sa maison est une fantaisie baroque à colombages, coiffée d'un toit blanc en pointe et ornée du traditionnel escalier métallique à incendie. Le pont du métro n'est pas loin : nous avons beau être dimanche, une rame s'annonce pile au moment où je sonne, et le sol se met à trembler. L'espace d'une seconde, je crains que mon hôtesse ne m'ait pas entendu. Mais Sophia Devovitch a l'habitude. Un déclic, et je pousse la porte. La jeune femme apparaît sur le perron, deux matous entre les jambes. « Montez vite. »

Elle referme derrière moi, me débarrasse de mon manteau, me pousse vers le salon. Une odeur d'urine acide me chatouille les narines. « Installez-vous, si vous y parvenez. N'hésitez pas à jouer des coudes ! » Elle m'abandonne un instant ; je m'arrête sur le seuil. Le salon est meublé de fauteuils et de divans mal en point, recouverts de grands draps blancs. Une vieille commode trône dans un coin, toute en hauteur. Des rideaux de velours masquent la baie vitrée. Ils sont lacérés. Partout – par terre, sur les sofas, les accoudoirs, les rebords de fenêtres – se tiennent des chats. Une trentaine à vue de nez. Mon arrivée les laisse froids.

Je risque un pas et, circonspect, me fraie un passage jusqu'au divan le plus proche. Trois jeunes spécimens tigrés s'y prélassent, paupières tombantes. J'essaie de me trouver un coin. Le drap est couvert de poils.

« Vous n'êtes pas allergique, au moins ? » Je secoue la tête. « Quand nous monterons tout à l'heure, vous verrez que c'est pire à l'étage. Bien pire.

— Combien en avez-vous ?

— Des chats ? Une centaine. Quatre-vingt-seize précisément. Ils étaient cent quatre au début.

— Au début ?

— Il y a quatre mois. À ce rythme, il me faudra quatre ans avant que le dernier ait disparu. Réconfortant, non ! (Elle pouffe.) Hélas, la règle de trois ne s'applique pas en pareil cas. Je table plutôt sur une quinzaine d'années. »

Assis sur le canapé, je me tiens droit comme un I. Sophia Devovitch n'a pas les mêmes prévenances : soulevant un importun par la peau du cou, elle le jette sur le parquet. L'animal se retourne, crache avec colère. La jeune femme le gratifie d'un regard blasé. « Je te rappelle que je suis chez moi, Walt. »

Elle étouffe un bâillement. Ses traits sont tirés. « Excusez-moi, dit-elle. Je suis un tantinet soupe au lait ces temps-ci.

— Pas de problème… »

D'un bond, un chaton au poil roux se hisse sur mes genoux. On dirait qu'il a compris le mot « lait ». Son audace n'enchante pas Sophia. « S'il vous embête…

— Ça ira, je vous assure. »

Elle opine à contrecœur, se masse une tempe, considère la multitude féline. « Bon. Voulez-vous que je commence les présentations ? »

Les chats paraissent se rassembler, comme s'ils étaient habitués au rituel.

L'histoire commence par un appel nocturne, il y a près de cinq mois. Une voix d'homme, une voix d'avocat : Helena Devovitch, la grand-mère de Sophia, vient de rendre son dernier soupir à l'âge canonique de quatre-vingt-douze ans. « Ainsi ai-je pris conscience, raconte la jeune femme, que j'étais son unique héritière. Ma mère est morte à ma naissance, mon père a disparu peu après – visiblement, il n'y avait personne d'autre que moi à appeler. Je me suis donc rendue au cabinet, dans un immeuble de Brooklyn Heights. L'avocat était un petit homme chauve, excessivement pressé. Il m'a informée que ma grand-mère me léguait sa maison d'une valeur de six cent mille dollars, ainsi qu'une somme de huit cent mille dollars une fois effectués les prélèvements d'usage, et après le passage devant une juridiction locale pour approbation testamentaire. Les délais ? Il en faisait son affaire. J'ai failli tomber à la renverse. J'ai balbutié un remerciement idiot. "Du calme et de la mesure, a répliqué le petit homme. Règle numéro un : ne jamais remercier un avocat. Règle numéro deux : la vie est rarement simple." Feuilletant son dossier, il s'est mis en devoir de m'exposer les conditions. Je devais habiter la maison et m'occuper des chats. *Tous* les chats, jusqu'à la mort du dernier. Ce n'est qu'alors que je pourrais toucher la somme promise. Et revendre la maison, si le cœur m'en disait. »

« Lui, le blanc qui ne mange que du poisson, c'est Herman Melville. Le petit noir, discret, il porte bonheur, paraît-il : Edgar Allan Poe. Le rouquin ébouriffé qui sautille partout, c'est Walt Whitman. Mark Twain est le tigré aventureux perché sur la commode. Ici, nous avons Henry James : angora, très fier – les autres lui vouent une adoration craintive. Edith Wharton, aussi, petite femelle indépendante. Jack London ? Lui, il s'éclipse pendant des jours ; Dieu sait ce qu'il fabrique. Voici William Faulkner : un alcoolique. Si j'organise une soirée, il finit les verres – je l'ai déjà vu plusieurs fois à l'œuvre. Ah, je vous présente Ernest Hemingway. Le prototype de la brute au grand cœur, bizarrement mélancolique. Je ne vous parle que de ceux que je connais, bien sûr. J'essaie de me repérer à la fourrure, au caractère. Parfois, ça vient tout seul. Mais, le plus souvent, je me mélange les pinceaux.

— Et ils portent tous des noms de romanciers ?

— Plus ou moins connus, oui.

— Pourquoi ?

— Vous voulez connaître la vraie raison ?

— S'il vous plaît. »

Elle soupire. « Ma grand-mère pensait que tous les chats étaient des réincarnations d'écrivains.

— Tous *les* chats, ou tous ses chats à elle ?

— Tous les chats. Mais les plus connus venaient chez elle. Parce qu'ils savaient qu'elle était au courant. C'est ce qu'on appelle de la logique spécieuse. »

J'acquiesce, légèrement ébranlé. Cinquante années durant, Helena Devovitch a recueilli chez elle l'essentiel de la gent féline locale, hébergeant du même coup le gotha de la littérature américaine des trois siècles écoulés.

« Je sais ce que vous vous dites : huit cent mille dollars plus une maison pour s'occuper d'une centaine de matous, c'est une proposition qui ne se refuse pas.

— Eh bien…

— Laissez-moi tempérer les choses. *Primo*, je n'aime pas beaucoup les chats, c'est un euphémisme. Je ne les déteste pas non plus mais… je ne suis pas très sensible au mystère qui les enveloppe ou à leur soi-disant "indépendance de caractère". Pour moi, ce sont des parasites, des profiteurs malintentionnés abusant de la crédulité des hommes et de leur peur de mourir seul. *Secundo*, ainsi que je vous l'expliquais, je risque d'avoir pas mal de temps à patienter avant que le dernier de ces animaux ne consente à expirer. *Tertio*, les conditions du contrat sont drastiques. Si je vous disais les clauses que j'ai signées… Certes, je n'avais pas le choix. Mais par exemple, un vétérinaire doit passer quatre fois par an pour vérifier que tous les chats sont bien traités, bien nourris, correctement soignés, etc. Dieu merci, ces animaux sont stérilisés et je ne suis pas tenue d'en accueillir d'autres. Enfin ! tout de même ! Deux fois par an, je suis également censée subir les visites de mon cher petit avocat préféré. Sachant qu'il peut *aussi* s'inviter à l'improviste, sur le papier. À la moindre irrégularité constatée, *pfuit* – le contrat devient caduc, adieu la maison et le reste. En attendant, ces imbéciles m'en font voir de toutes les couleurs. »

Vaguement amusés, les chats du salon font mine d'écouter. La plupart affichent un léger surpoids. On sent qu'ils ont bien l'intention de profiter de la situation au maximum.

La chambre de Sophia, au premier étage, est installée dans l'ancien débarras de sa grand-mère, encombré d'un fatras de patrons, de cartons à tissus et de machines à coudre hors d'usage. Un matelas gît dans un coin. « C'est une installation que j'espère provisoire, m'indique la jeune femme en refermant la porte. Le point fondamental, pour l'heure, c'est que cette pièce est la seule de la maison interdite aux chats. »

Installée à son bureau, elle m'invite à prendre place sur un tabouret. Le long d'une étagère, des boîtes sont rangées par ordre alphabétique. Elle en descend une, sort deux classeurs, ouvre le premier en grand. Les pochettes transparentes défilent. Chacune d'entre elles concerne un chat : fiche identitaire, carnet de vaccinations, photos annuelles, signes particuliers, recommandations diverses et biographie de l'écrivain associé.

L'un des derniers spécimens mentionnés est un certain Saul Bellow, siamois, âgé de huit mois. « Il faut se montrer délicat avec lui, a écrit la grand-mère en marge, et respectueux : il fait partie des Nobel. » Sophia pouffe nerveusement. « Excusez-moi, susurre-elle. Peut-être que vous adorez les chats, que vous croyez en la réincarnation. Vous devez me trouver assez garce. Je ne peux pas vous en blâmer. Mais remplir cent gamelles deux fois par jour, vous avez une idée du travail que ça représente ? Changer cent litières ? Sans parler des poils, des kilos de poils – je peux m'estimer heureuse de ne pas être asthmatique. Le réveil, c'est cinq heures du matin au mieux, dimanche compris. Très plaisant. Ils grattent à ma porte comme si leur vie en dépendait. Oh, et si je ne retrouve pas une dizaine d'oiseaux morts le matin sur le carrelage de la cuisine, je peux considérer que la journée est sur les bons rails. Inutile, je pense, de mentionner l'odeur. »

Je renifle. « Vous trouvez le temps de travailler, avec tout ça ? De vous occuper de vous ?

— Une aide ménagère vient me prêter main-forte. Ivanovna : une Ukrainienne, qui travaillait déjà pour ma grand-mère et qui ne doit pas avoir loin de cent ans. Pas trop méchante, pas trop loquace non plus. Je suis sûre que ma grand-maman lui a recommandé de me tenir à l'œil, le moment venu. Comme l'avocat, elle est payée à vie – jusqu'à la mort du dernier chat, s'entend. Les placements de mon aïeule suffisent à lui assurer un salaire que je suppose supérieur au mien.

— Que faisait-elle dans la vie ?

— Ma grand-mère ? Rien.

— Ah.

— Mais son mari était dans le textile et il est mort à quarante-sept ans. Je crois qu'il n'aimait pas beaucoup les chats, lui non plus. À l'époque, elle n'en possédait qu'une trentaine. C'était le bon temps. »

Retour au rez-de-chaussée. Sophia me parle de son quotidien. De la difficulté, notamment, qu'il peut y avoir à nouer une relation amoureuse lorsque l'on passe ses nuits dans un entrepôt de machines à coudre et que le reste de l'espace vital est occupé par quatre-vingt-seize félidés hargneux soi-disant domestiques.

Nous regagnons le salon. Ivanovna est là, qui s'affaire : une petite bonne femme toute ridée, coiffée d'un fichu noir et armée d'une brosse adhésive spéciale poils de chat. Marmonnant un salut, elle se détourne aussitôt. Les félidés l'adorent. Ils la suivent à la trace, une bonne vingtaine de courtisans. A-t-elle du poisson dans ses poches ? Sophia est sur le point de me répondre lorsqu'une sonnerie stridente ébranle la maison. « Seigneur, accordez-moi le temps et la grâce d'acheter un vrai téléphone *made in* XXIe siècle. Veuillez m'excuser… » Elle disparaît dans le vestibule pour répondre.

Me voici seul avec Ivanovna. La vieille femme s'occupe des rideaux. Un énorme matou au pelage neigeux, posté devant la fenêtre, refuse de se pousser. Respectueusement, elle le contourne et, en équilibre instable, tend le bras pour passer sa brosse. Les autres chats, circonspects, observent ses progrès.

Une minute plus tard, alors qu'elle s'efforce d'épousseter un fauteuil, l'animal saute dessus et se roule en boule. Il cherche les ennuis. Ivanovna, qui fait pourtant preuve à l'égard de ses congénères d'une patience très mesurée, lui flatte la tête d'une caresse et passe au canapé voisin.

« C'est votre chouchou, celui-ci ? » La vieille hoquette. L'intéressé, qui vient de sauter à terre, se frotte contre ses jambes. Figée, elle cesse d'épousseter l'accoudoir. « Moi déranger ? » Elle s'adresse à lui avec un accent russe à couper au couteau mais sa voix est suave, dépourvue de toute agressivité. Je reviens à la charge. « Comment s'appelle-t-il, déjà ? » Elle me décoche un regard ennuyé. « Ambrose.

— Seulement Ambrose ?

— Ambrose Bierce. »

À la mention de son nom, le chat crache paresseusement puis s'étire. Ambrose Bierce. Écrivain américain né en 1842 et disparu en 1913 au Mexique dans des conditions jamais élucidées. Auteur du fameux *Dictionnaire du diable*, ouvrage cynique aux formules assassines contenant des définitions du genre : « Tableaux : représentations en deux dimensions des choses inintéressantes en trois » ou « Immigrant : individu mal informé qui pense qu'un pays est meilleur qu'un autre ». Un drôle de type, pour le peu que j'en sais.

Ivanovna se concentre sur la commode. Je la suis avec docilité. « Est-ce qu'il présente une... particularité ? »

Elle s'arrête, impatiente. « Vous quoi vouloir ?

— Rien. On dirait juste que ce chat est différent des autres à vos yeux. Qu'il possède quelque chose de *spécial.* »

J'ai mis l'accent sur le dernier mot. Elle jette un œil au vestibule, où Sophia téléphone toujours. « Lui plus que spécial.

— C'est-à-dire ?

— Lui vraiment Ambrose Bierce. Possédé.

— Ah.

— Lui immortel. Allez voir fiche classeur. Fiche dire âge quinze ans. Mais en vérité, lui déjà là trente ans avant, quand madame Devovitch embaucher moi. Lui pas mourir, jamais. »

Je déglutis. « Vous pourriez me répéter ça ? »

Elle se penche, sa voix se fait murmure. « Madame Devovitch, elle fait promettre moi rien dire mademoiselle Sophia. Moi promettre jurer. Mais moi dire à vous : ça, pas interdit dans promesse.

— Vous désirez que je lui répète ? À Sophia ?

— Vous faire comme vous vouloir.

— Pourquoi, pourquoi aimeriez-vous que je lui dise ?

— Mademoiselle gentille. Si elle attendre tous chats mourir, elle attendre très longtemps. Mourir avant Ambrose. »

Je suis sur le point de rétorquer lorsque j'entends Sophia raccrocher le téléphone. Dix secondes plus tard, elle nous rejoint au salon. « Tout va bien ? »

Acquiescement empressé. Au vrai, je possède suffisamment de matière pour rédiger mon entrée. La nuit est tombée, je vais prendre congé. « Vous pouvez rester ce soir, si vous voulez. » Un chat me frôle en sortant ; je crois bien que c'est Mark Twain. Vautré sur le divan, Ambrose Bierce ne me quitte pas des yeux. Quelque chose en moi n'est pas très *fan* de ce chat.

« Merci, dis-je. Mais j'ai un dîner en ville. »

Cigarette aux lèvres, Sophia m'accompagne sur le perron. L'air est glacé, un métro passe au loin, deux vieilles dames marchent courbées contre le vent. La jeune femme allume son briquet pendant que j'enfile mon manteau. « Je voulais vous remercier pour le temps que vous m'avez consacré, dis-je. D'autant que vous n'en avez pas beaucoup, d'après ce que j'ai cru comprendre.

— Tant qu'Ivanovna me seconde, je m'en sors. Mais ensuite… Il faudra que je trouve quelqu'un. »

Elle inhale, rejette la tête en arrière. Je me tourne vers elle. « Ce chat, Ambrose Bierce…

— Mm ?

— Il est différent, non ?

— Différent ?

— Ivanovna m'a laissé entendre qu'il était plus vieux que ce qu'assurait son dossier. Il…

— Il me fiche la chair de poule.

— Tiens donc.

— Oui. Les autres, je les tolère. Ce sont des chats, avec tout ce que ça implique. Mais lui… Il y a un truc en lui qui me dérange, profondément. Son regard…

— Eh bien ?

— Parfois, j'ai l'impression que ce n'est pas un animal qui m'observe. Que c'est un homme. Un homme très vieux, et pas spécialement amical.

— Je comprends.

— Bon.

— Il me fait cet effet-là, à moi aussi. »

Elle grimace. Je lui tends la main. « Il ne me reste qu'à vous souhaiter bon courage.

— Merci beaucoup. »

Je descends les marches. Elle m'arrête net : « Attendez !

— Oui ? »

Son visage s'est teinté d'inquiétude. « Pensez-vous... Ah, c'est ridicule mais... Pensez-vous qu'il pourrait ne pas mourir ?

— Qu'est-ce qui vous fait poser cette question ?

— Je ne sais pas. »

Je retiens un soupir. Je pourrais lui répéter ce que m'a raconté Ivanovna mais je ne suis pas sûr que ce soit mon rôle. Un chat immortel ?

« Vous comprenez, me glisse Sophia Devovitch, qui s'est avancée à mes côtés, je ne suis plus une adolescente. Il me reste, quoi, cinquante ans à vivre ? Je n'ai pas l'intention de les consacrer intégralement à des chats. Surtout pas à *un* chat.

— Sage résolution. »

Un sourire affligé passe sur ses lèvres. Je n'ose lui demander ce qu'elle compte faire s'il s'avère que le chat en question, eh bien, tarde trop à mourir. Mais c'est comme si elle lisait dans mes pensées. « Des animaux disparaissent, vous savez. Des accidents adviennent, voiture ou autre. Il faudrait que le sujet Ambrose Bierce veille à ne pas trop dépasser la mesure. Parce qu'au bout d'un moment, je vous le dis franchement, ce sera lui ou moi. »

Subtile nuance de menace. Cette fois, je suis parti – direction le métro. Oui, Sophie Devovitch est fatiguée, probablement sur les nerfs. Mais une impression désagréable me poursuit. J'ai vu le chat blanc, tout à l'heure, lorsque la jeune femme jetait sa cigarette sur le trottoir. Derrière la fenêtre, rideau écarté, il attendait que je me décide à partir. Ses yeux brillaient d'un éclat perfide : un regard à moi seul destiné : « La fille a raison, mon ami. Ce sera elle ou moi. À ta place, j'attendrais un peu avant de prendre les paris. »

Je vous avais bien dit que ce livre serait mon dernier

« D'une certaine manière, écrit l'auteur pékinois Liang Bingkun dans l'ouvrage qu'il leur consacre, les *hutongs* et les allées sont l'âme de Pékin. » Une âme en voie de disparition, à l'en croire : tout juste reste-t-il, de nos jours, un petit millier de ces ruelles typiques, avec leurs maisons aux portes sculptées, leurs toits de tuiles si délicats et leurs microscopiques cours secrètes.

Le quartier de Dongcheng abrite les plus connues des *hutongs*. C'est ici, au milieu de Gangcha Hutong, dans un endroit empli d'esprit et de silence, que réside celle qui est peut-être le plus grand écrivain chinois de son époque : Jia Yuxin, onze ans, bientôt douze.

Approcher les Yuxin exige des trésors de patience et des montagnes de persuasion. Li Men, la mère, veille plus que sévèrement sur les intérêts de sa fille. Courriers fleuves, questionnements littéraires, clauses de confidentialité – onze mois de négociations acharnées m'auront été nécessaires avant d'être autorisé à visiter la jeune prodige. Encore ne disposerai-je que de deux heures, me prévient-on. Encore devrai-je me soumettre sans broncher aux desiderata de la gardienne du temple.

Onze heures du matin, heure locale. Ayant abandonné tout espoir de dormir, je relis mes notes pour la dixième fois dans l'avion qui m'emmène à Pékin.

L'histoire de Jia Yuxin m'a été contée par un ami sinophile. Personne ou presque n'a entendu parler d'elle en Europe ou aux États-Unis et son existence, à Pékin, est un secret à peine moins bien gardé. La raison en est simple : Jia Yuxin n'a, à ce jour, jamais publié la moindre ligne, et ne semble pas décidée à le faire dans un avenir proche. Son cas n'en déchaîne pas moins les passions sur un certain nombre de forums littéraires. C'est d'ailleurs en surfant sur l'un de ces forums que mon ami a pris connaissance de son existence. Chance lui a même été donnée, prétend-il, de lire un extrait de son premier roman sur le blog d'une camarade de classe de Jia – extrait resté en ligne trois jours, puis supprimé sur demande extérieure. Des internautes assurent que la jeune fille est un mythe, une création ludique derrière laquelle se dissimulerait un collectif d'aventureux auteurs avant-gardistes. Ils sont de moins en moins nombreux : trouver des preuves de l'existence de Jia Yuxin relève en effet du jeu d'enfant. Si l'intéressée se montre notablement discrète, ce n'est pas le cas de ses condisciples.

Au collège local, affirme mon ami, tout le monde vous dira où elle habite.

Harassé par le décalage horaire et les aléas du voyage aérien, j'échoue à Gangcha Hutong en taxi à près de six heures du soir. C'est l'hiver ; la nuit est tombée, et le chauffeur m'a abandonné devant le musée des Beaux-Arts. Dans les ruelles tortueuses, je déambule mains dans les poches en me remémorant les circonstances de notre premier contact. Mon ami sinophile ayant déniché pour moi les coordonnées des Yuxin, j'ai commencé par écrire aux parents, précisant bien, sur ses recommandations, que je n'étais pas journaliste. C'est la mère qui m'a répondu, au bout de deux mois : une missive très neutre, rédigée en anglais, m'expliquant que je faisais erreur, que sa fille n'était pas celle que je croyais. Je me souviens m'être creusé la tête. Je me suis fendu d'une deuxième lettre, puis d'une troisième, soulignant la pureté de mes intentions, le caractère foncièrement novateur de ma démarche. Li Men Yuxin n'a plus fait allusion à ma soi-disant méprise. Elle a même fini par accepter l'idée d'un rendez-vous, assorti de conditions tyranniques. Deux heures seulement, donc, et la promesse de changer les noms.

La maison des Yuxin n'est pas très grande. Mine sévère, Li Men m'accueille sur le porche en consultant sa montre. Manifestement, je suis en retard – six minutes au moins. Mon hôtesse me précède dans l'entrée. C'est une femme sans âge, filiforme, au port de danseuse classique. La salle de vie est minuscule, mais décorée avec goût. Elle comprend un coin cuisine, plusieurs fauteuils en fer à cheval et un buffet en peuplier laqué.

Un canapé tendu de soie m'attend devant la table basse. Li Men me fait signe de prendre place puis s'éclipse dans le couloir. Quand elle réapparaît, sa fille est avec elle, vêtue de son uniforme scolaire. Je bredouille un « bonsoir » maladroit en chinois. Jia me salue respectueusement puis s'assied sur un tabouret, de l'autre côté de la table. Au fond du coin cuisine, une paisible bouilloire gargouille. Li Men me surveille, collée à un mur.

Tirant mes notes de ma sacoche, je chausse mes lunettes. La jeune fille attend, immobile. Sur ses genoux, une lettre pliée en deux. C'est la collégienne chinoise typique : frange noire, visage lisse, mise impeccable. Je ne saurais dire ce qui m'impressionne le plus en elle. Son calme ? Entre mes doigts, ma feuille de route tremblote. Questions d'usage, pour débuter, en anglais dans le texte. « Quand avez-vous commencé à écrire ?

— À sept ans.

— Et vous en avez…

— Onze. »

J'essaie de m'enhardir, de cerner la réalité de son existence. Comment s'organise-t-elle pour travailler, pour concilier sa vie de collégienne et… : « Deux heures tous les soirs, répond sa mère. Après le dîner. »

Apparemment, les Yuxin mènent une existence d'une effrayante banalité. Le père est salarié d'une compagnie d'assurances à l'autre bout de la ville ; il rentre tard. Li Men, pour sa part, travaille dans un centre de garde d'enfants. De là, cette fâcheuse tendance à s'exprimer à la place de sa fille ? « Jia a terminé son premier roman il y a trois ans, en grand secret. Je l'ai trouvé caché sous son lit, un jour de repos et je l'ai lu d'une traite. Il n'était pas très long, écrit dans un anglais impeccable. Jia affectionne les auteurs anglo-saxons ; il se trouve que je suis moi-même une passionnée de littérature – mon père était éditeur. À la dernière page, j'ai dû ravaler mes larmes. Le meilleur livre du monde. »

Lorsque j'essaie de lui demander en quoi ce premier roman est si extraordinaire, Li Men ne prend pas le temps de réfléchir. « L'émotion. L'honnêteté. L'épure, surtout. Il y avait tout, et plus encore, avec une économie de moyens stupéfiante. C'était comme lire le dernier ouvrage d'un sage assis au sommet d'une montagne, un vieux sage sur le point de mourir. Il me paraissait insensé que ma fille possédât un tel talent. Mais c'était elle, c'était bien elle. J'aurais reconnu son écriture entre mille.

— Qu'avez-vous fait ?

— Je me suis mise en contact avec l'un des éditeurs phares du pays, dont j'avais gardé les coordonnées à la mort de mon père. Je ne vous révélerai pas son nom, mais il est basé à Pékin et vous le retrouverez sans peine, si cela vous titille. C'est un homme réputé pour faire la pluie et le beau temps dans le paysage éditorial chinois. Appelons-le Hsin, voulez-vous ? Ses auteurs l'adulent, et je suppose que ceux qui ne travaillent pas avec lui le haïssent, car il est doté d'un sens critique confinant à la férocité. Mais je m'égare. J'ai expédié le manuscrit le jour même. Il m'a appelée le surlendemain pour me dire ce qu'il pensait du livre. Je m'étais préparée à sa réaction, mais j'ai tout de même été obligée de m'asseoir. Il ne trouvait plus ses mots : lui, le briseur de carrières, le pourfendeur si redouté ! À la fin, nous avons parlé de Jia. Je lui ai expliqué quel genre d'enfant elle était, et comment j'avais envoyé son texte sans même lui en parler, craignant qu'elle refuse de le montrer à qui que ce soit. Il m'a dit qu'il comprenait. Je lui ai demandé de m'écrire une lettre reprenant par le menu l'essentiel de ses déclarations. Nous avons reçu sa missive une semaine plus tard, signée de sa main, et adressée à Jia elle-même. »

Elle hoche le menton vers la jeune fille. Celle-ci me tend la feuille qu'elle gardait sur ses genoux. Je fronce les sourcils.

« C'est du mandarin standard écrit en baihua, commente la mère, qui s'étonne (ou feint de s'étonner) que je ne parvienne pas à déchiffrer les sinogrammes. Jia, veux-tu nous la lire ? »

La jeune fille s'exécute. « Chère Jia. Votre mère a eu l'excellente idée de m'envoyer votre roman *Grêle*. Je l'ai trouvé fantastique et je voudrais vous rencontrer afin que nous discutions des conditions de sa publication. »

Elle replie la lettre. Je m'interroge. « Et alors ?

— Et alors, reprend sa mère, elle ne lui a pas répondu, du moins pas avant qu'il n'envoie un deuxième, puis un troisième courrier – perdus aujourd'hui – puis ne se décide, sur mes conseils, à lui téléphoner en personne. »

La bouilloire s'est tue ; le ronronnement qui emplissait le petit intérieur s'est fondu en un silence pesant. Jia Yuxin, elle, regarde ailleurs. Penché en avant, je m'efforce d'attirer son attention. « Lui avez-vous… parlé ? Avez-vous parlé à Hsin ? » Elle opine, comme prise en faute.

Li Men se pince les lèvres. « Jia a écrit six romans depuis. Voulez-vous que nous les passions en revue ? »

Je m'incline : « J'en serais ravi.

— *Grêle* était le premier : l'histoire d'une jeune fille sur le chemin de l'école, dans la Chine de la Révolution culturelle. Le lecteur partage ses pensées. Ensuite, *Citron sucré* : peu avant la mort de Mao, deux sœurs jumelles pensent n'être qu'une seule et même personne. *Un vieil arbre*, le troisième, a pour héros un vieillard de cent trente ans, qui n'est autre que l'arrière-grand-père de l'héroïne de *Grêle*, mais a coupé tout lien avec sa famille. Là encore, roman très introspectif. *Quatre Graines de bandits* est le quatrième ouvrage. Il prend pour cadre le propre collège de Jia et suit le destin d'un quatuor maudit basculant dans le terrorisme, juste avant les manifestations de la place Tian'anmen en 1989. Ma fille elle-même y intervient, sous la forme d'un fantôme. Le cinquième ? *Nous ne voyons plus rien*. Le personnage central, qui n'apparaît jamais en tant que tel, exerce la profession d'horticulteur. Au début du roman, il vient de quitter sa maison pour une destination inconnue et sa sœur retrouve les lettres qu'il a laissées. Mon mari et moi sommes présents dans celui-ci. Le sixième et dernier en date s'appelle *James Bond, Confucius et autres contrariétés* : il y est question d'un concours de mannequins et d'une affaire de prostitution et d'espionnage à l'orée des années 2000. La sœur de la meilleure amie de Jia en est le protagoniste principal. »

Je hoche la tête, décontenancé. « À propos de ces éléments autobiographiques... Peut-on dire... »

Li Men me coupe. « Plus on avance dans le temps, plus les romans de Jia sont proches de nous : chronologiquement, bien sûr, mais aussi de par leurs thèmes, qui brassent une quantité sans cesse accrue de références personnelles et intimes. En d'autres termes, ma fille se rapproche d'elle-même à mesure qu'elle progresse dans son travail. »

Je me gratte la nuque. « Est-ce que... ces autres romans ont été envoyés à Hsin, eux aussi ?

— Ils l'ont été.

— Serait-il indiscret de vous demander ce qu'il en pense ?

— Son avis n'a pas changé, et ne changera pas. Pour lui, Jia est un génie littéraire, point final.

— Mais elle refuse d'être publiée.

— Oui. »

Je me retourne vers la jeune fille, qui fixe le bout de ses chaussures. « Pouvez-vous m'expliquer ce qui motive votre décision, Jia ? »

Elle hausse les épaules. « Le moment n'est pas venu.

— De m'expliquer, ou d'être publiée ?

— D'être publiée.

— Pourquoi ?

— Il est trop tôt.

— Trop tôt par rapport à quoi ?

— Par rapport au projet dans sa globalité. »

Li Men inspire avec force. « Vous aurez remarqué, je présume, que chaque titre comporte un mot de plus que le précédent.

— C'est vrai. Je n'y avais pas pris garde.

— Ma fille a prévu d'écrire onze livres au total.

— Et puis ? »

Les deux femmes se taisent. Li Men se rapproche de sa fille, passe une main sur son bras. « Jia est fatiguée. Il lui reste encore beaucoup à accomplir. Avez-vous d'autres questions ?

— J'en reste à la même, madame. Je m'en voudrais d'insister, mais j'ai la sensation, dis-je en fixant Jia, que votre fille n'agit pas au hasard, et possède une idée précise de la façon dont cela doit se terminer. »

La jeune fille hésite. Accroupie à sa hauteur, sa mère lui parle à l'oreille sans me quitter des yeux. Jia répond quelque chose en chinois, avec une surprenante fermeté. La mère reprend sa place initiale.

« Lorsque le dernier roman sera écrit, annonce la jeune fille, Hsin sera autorisé à les publier, lui et tous ses prédécesseurs, au rythme d'un titre par an. La raison pour laquelle il ne lui aura pas été permis de le faire *avant* deviendra alors limpide pour tout le monde.

— Je suppose que vous ne pouvez m'en dire plus. »

Elle secoue la tête. J'ai du mal à dissimuler mon incrédulité. « Hsin est d'accord ?

— Oui.

— Même sans avoir lu les cinq romans restants ?

— Il sait que je sais ce que je fais.

— Et une fois ceci terminé, que ferez-vous, justement ? Vous consacrerez-vous à d'autres travaux d'écriture ?

— Non.

— Pourquoi ? »

La mère fait un pas en avant. « Comme je vous le disais, ma fille… » Mais Jia lève une main. Cette fois, elle veut s'expliquer *seule*. « Il ne s'agit pas d'un secret, affirme-t-elle. Hsin le sait, ma mère le sait, plusieurs de mes amies du collège le savent aussi. Si vous lisez les six premiers romans attentivement et que vous réfléchissez une seconde, vous pouvez deviner sans peine ce qui se passera à la fin du onzième. »

J'écarquille les yeux. « Navré de vous décevoir, mais…

— Je serai morte. »

Ayant prononcé ces paroles, elle quitte son tabouret, s'incline de nouveau et rejoint sa chambre. Les ténèbres l'avalent.

Sa mère n'esquisse pas un geste. Abasourdi, je repense à ce film de David Lynch où un homme disparaît ainsi, *absorbé* par l'obscurité d'un corridor. Le silence devient poisseux, étouffant. Je pivote vers Li Men. « Votre fille… Votre fille est-elle malade ? »

Elle se détourne.

Ce qui va se passer maintenant est assez évident – je peux quasiment visualiser la scène : elle va m'ouvrir la porte et me demander de partir.

Mais ce n'est pas ce qu'elle fait. Je reste assis, et Li Men me sert une tasse de thé noir, et on jurerait que ce n'est plus la même femme. Elle est assise, là où Jia se tenait tout à l'heure, elle est assise, affable, et seulement un peu triste. Le cérémonial laborieux qu'elle nous a imposé à tous trois pourrait, en sa conclusion même, l'avoir libérée d'un poids.

Elle me parle de sa fille. De ses notes à l'école (bonnes, mais sans plus). De ses hobbies, de son goût pour Otis Redding et les films de Charlie Chaplin. Des posters de Nelson Mandela qui décorent sa chambrette. À son tour, elle m'interroge. À propos de mon voyage. À propos de mon projet. Le thé est-il à mon goût ? Le genre de questions que l'on pose généralement quand on se moque des réponses.

J'essaie sans relâche d'en revenir au sujet. D'autres personnes ont-elles lu les romans de Jia ? Li Men acquiesce. Oui, Hsin a prêté les manuscrits des trois premiers à des amis journalistes et éditeurs en leur demandant de garder le secret. Leurs avis ont été unanimes : trois chefs-d'œuvre. L'un d'eux a tenté de joindre la jeune fille à d'innombrables reprises. Hsin a été prévenu. Le numéro a été changé. Les textes ont cessé de circuler.

Je repose ma tasse. Une question me taraude. Li Men la pressent. « Connaissez-vous déjà le titre du onzième roman ? »

Non, répond-elle par signe, et les vestiges de son sourire se désintègrent. « Mais c'est devenu un jeu, avec mon époux : nous essayons de deviner. Tout ce que nous savons avec certitude, c'est qu'il mettra un terme à l'aventure et qu'il comportera onze mots. Quelque chose comme *Je vous avais bien dit que ce livre serait mon dernier*. Pour le reste, nous faisons confiance à notre fille, hélas. Elle ne nous a jamais déçus. »

Je détecte une fêlure dans la voix de cette femme. Un renoncement, une forme de fatalisme tragique. « Mais enfin, dis-je, il doit tout de même exister un moyen de raisonner votre fille, non ? De lui parler, de la convaincre que la vie est belle ! »

Li Men se mordille les lèvres.

« Bien entendu. C'est ce que tout le monde nous répète : parlez-lui. Cependant, ainsi que je vous l'ai signifié, nous lui faisons confiance, nous *devons* lui faire confiance. Quoi qu'elle ait décidé, quelque chose d'important se prépare. Ma fille est un génie. Ce n'est pas un mot que l'on emploie à la légère. Appelez son éditeur. Appelez ce journaliste qui nous harcelait tous les soirs. L'œuvre qu'elle a entreprise ne prendra tout son sens qu'après sa disparition. C'est novateur. Avec tous les livres qui ont déjà été écrits, depuis *Au bord de l'eau* jusqu'aux romans sur téléphone portable, attirer l'attention n'est pas une tâche aisée. Ma fille veut que ses livres soient lus. Mais pas tout de suite. »

J'ai terminé mon thé ; Li Men se tord les mains. Je devrais partir à présent, et sans tarder. Une dernière question m'échappe. « Et s'il lui arrive quelque chose ?

— Que voulez-vous dire ?

— *Avant*. Avant qu'elle ait pu venir à bout de son œuvre. »

Elle clôt les paupières. « Alors, rien.

— Rien ?

— Les livres ne seront pas publiés. Si vous ne les voyez jamais paraître, cela signifiera effectivement que ma fille sera morte avant. Et je ne pense pas que je pourrais m'en remettre. »

Je la dévisage avec surprise. « Vous voulez dire – pardonnez cette familiarité, mais –, vous voulez dire que sa mort serait plus facile à accepter pour vous *si les livres paraissent* ? »

Elle me répond du tac au tac. « Je préfère que ma fille meure pour une histoire, en effet. Je préfère qu'elle meure lorsque ses livres l'auront choisi, et non sous les roues d'une automobile, ou parce qu'elle sera tombée malade. Seule l'écriture peut la rendre immortelle. »

Elle repart vers le coin cuisine. Me voici debout. « Merci de m'avoir reçu, madame. Transmettez mes amitiés à votre fille. » Elle passe un coup de chiffon sur le plan de travail.

À reculons, je prends congé. Ma main se pose sur la poignée.

« Monsieur ? »

Li Men s'est avancée dans mon dos. « Oui ?

— Je suis désolée. De vous avoir si mal accueilli. Je me sens si lasse, ces temps-ci. Je cherche… non pas à comprendre, mais à *admettre* ce qui se passe. Parfois, cela me semble très simple. À d'autres moments, je me dis que c'est moi qui vais mourir. »

Elle baisse les yeux, timidement. J'ai envie de la serrer contre moi, de lui dire que tout va s'arranger. Je n'en ferai rien.

Li Men sort une enveloppe de son corsage. « Tenez. Ma fille a préparé ça pour vous. Adieu. » Ouvrant la porte, elle me chasse dehors. Un claquement ; puis le calme. La nuit a envahi le labyrinthe des *hutongs*. Je ne reviendrai plus.

Plus tard, dans le taxi me ramenant à l'hôtel, j'ouvre l'enveloppe de Jia, sur laquelle mon nom a été inscrit en petits caractères romains. L'enveloppe contient deux feuilles, pliées l'une à l'intérieur de l'autre. La première porte la mention « À lire d'abord ».

Cher monsieur,

Vous vous posez beaucoup de questions encore au sujet de mes livres et je suis navrée de n'avoir pas été en mesure de vous apporter de réponses plus éclairantes.

La raison pour laquelle je ne puis vous en révéler davantage et la raison pour laquelle mes romans ne peuvent être publiés avant ma mort n'en forment en réalité qu'une seule. Ce n'est pas un grand mystère, mais c'est une chose impossible à formuler.

Ci-joint un extrait de mon roman en cours, le septième. « Personne ne sait comment il s'appelle ». Tel en sera le titre. Seuls mon éditeur et ma mère sont déjà au courant.

À présent, vous avez le choix : vous pouvez lire ce texte tout de suite, où que vous vous trouviez, devant ma maison, dans la rue, dans votre taxi, à l'hôtel, et vous pouvez le montrer à tout le monde, voire le publier sur Internet si vous trouvez une quelconque pertinence à cette initiative.

Ou bien, aux premières heures du matin, vous pouvez vous rendre au parc Beihai, vous poster sur le pont Yong'an et, après avoir achevé votre lecture, brûler le papier et laisser ses cendres se disperser au-dessus du lac.*

Il n'existe pas de façon juste d'écrire un texte, pas plus qu'il n'en existe de le lire, mais je persiste à croire qu'une forme élevée de poésie réside dans l'abandon et l'oubli. Je vous souhaite un bon retour chez vous, et de nombreuses années de vie curieuse.

Votre dévouée

Jia

Derrière les vitres sales du taxi, la ville se devine en ombres fuyantes et pinceaux de lumière.

Plus de dix-sept millions de personnes vivent aujourd'hui à Pékin. Des âmes perdues, des gens heureux, des génies qui s'ignorent. Jia n'est rien de tout cela. J'ignore si j'espère lire ses romans un jour.

* Jardin impérial situé au nord-ouest de la Cité interdite, abritant de nombreux temples et monuments remarquables.

Consolation

C'est une œuvre d'art unique en son genre et l'on ne peut éprouver, à la contempler, que l'immense et insondable tristesse de celui qui sait et accepte que tout, toujours, finit un jour par s'achever.

Sur un autel d'une blancheur parfaite, un ange aux ailes fatiguées s'est littéralement effondré. On devine une femme mais seule la nuque est visible, avec ses cheveux ramenés en chignon. Le visage, lui, est enfoui dans le creux d'un bras tandis que l'autre pend, sans force, au-dessus de la pierre. Des fleurs gisent dispersées au pied du marbre ; l'ange les a lâchées. Sans doute, ses larmes sont taries. Quelque chose, dans l'abandon de ses épaules, sa solitude de pierre, évoque un désespoir que rien ne saura guérir.

L'original de cette merveille, baptisée *Angel of Grief*, se trouve à Rome, sur l'une des allées supérieures du cimetière protestant de la ville. On le doit à William Wetmore Story, poète, critique et sculpteur américain, inhumé en Italie avec son épouse Emelyn en 1895. Certains viennent de très loin pour rencontrer l'ange de douleur : on les surprend parfois, aux premières heures du matin, pétrifiés devant sa tombe. De nombreuses répliques existent par ailleurs, dispersées à travers le monde. L'une d'elles, créée en 1909, peut être admirée à Brooklyn, dans le cimetière de Green-Wood. D'autres sont visibles à La Nouvelle-Orléans, à Rochester, à l'université de Stanford, à Colma, à Houston, à St Louis, à Little Rock, etc., mais aussi à Cardiff, au pays de Galles, et à San José, Costa Rica. Combien de statues en tout ? « D'après les dernières estimations, explique Alfonzo Jefferson, spécialiste américain des cimetières et monuments funéraires, leur nombre est estimé entre quarante et cinquante, principalement en Europe et sur le continent américain. Mais nous en trouvons de nouvelles tous les ans, ces temps-ci. »

Ce que Jefferson ne semble pas savoir, c'est qu'une vingtaine de statues au moins peuvent être ajoutées à son estimation. Vingt répliques de l'ange, appartenant à des particuliers pour la plupart, et qui sont l'œuvre d'une seule et même femme : Jane Oldham, artiste contemporaine basée à Las Vegas.

Une nouvelle fois, c'est sur un forum que commence ma quête. Jane, qui s'y exprime sous un nom d'emprunt, présente ses œuvres à d'éventuels amateurs. « Les modèles de la série *Angels of Grief*, sculptés à l'échelle 1/1, sont identiques jusque dans les moindres détails, et fidèles à l'esprit de William Story. Seuls les matériaux utilisés peuvent varier. Même si j'accepte les rétributions en numéraire, ces créations ne sont pas spécifiquement destinées à la vente : j'en ferai don, en toute simplicité, à ceux qui voudront bien les accueillir. Les anges de douleur font partie de moi ; nous partageons une histoire. C'est pourquoi il m'importe de savoir ce qui va advenir d'eux, comment ils vont être traités, qui sont les gens chez qui ils vont *vivre*. Certains les installeront dans leur jardin. D'autres choisiront leur salon. Cimetières, lieux de mémoire ? Les anges sont les gardiens de la tristesse. Nous vivons à une époque où il est de bon ton de porter le deuil quelques semaines, quelques mois tout au plus, puis de passer à autre chose : comme si les âmes étaient multiples et les souvenirs recyclables. Mais nous savons que ce n'est pas le cas. Que le chagrin n'est pas voué à s'évanouir, seulement à muer. Chaque être est unique, dans l'espace et le temps, et je crois que William Story avait cette certitude en tête lorsqu'il a sculpté son ange, peu avant de disparaître à son tour : rien ne pourra jamais remplacer celui ou celle que vous avez perdu. »

Après un contact par mail et une invitation en bonne et due forme, je pars à la rencontre de Jane Oldham à Las Vegas, en plein cœur de l'été.

Le quartier où elle habite, dans une petite maison blanche écrasée de soleil, est pratiquement désert. Nous sommes au nord de la ville, bien loin du faste des casinos et des hôtels. Une boîte de conserve roule au milieu de la rue, sans personne pour shooter dedans. Il fait 41 °C à l'ombre et le vent est une brûlure.

Coiffée d'une casquette Boston Red Sox, vêtue d'un débardeur militaire kaki et d'un short en jean frangé, la jeune femme, âgée d'une trentaine d'années, m'accueille sur le pas de la porte en se mordant un ongle. « Pas trop d'embouteillages ? »

Elle rit de sa plaisanterie, me fait entrer à l'ombre, me confie une bière sans même me demander mon avis. Son intérieur est meublé à la spartiate : une armoire bancale, six ou sept cartons, un énorme frigo rose, une table, deux chaises de camping. La pièce voisine n'accueille qu'un matelas. Par la fenêtre ouverte, je découvre l'arrière-cour. Ceinte d'un grillage métallique, elle est exposée plein ouest.

« Vous venez ? » Jane me conduit au garage par une porte intérieure. L'endroit, un vrai capharnaüm, baigne dans une chaleur moite. On y trouve des seaux, des pinceaux, des toiles et des cadres, quelques sculptures surprenantes à différents stades d'achèvement, des bonshommes de fil de fer, des ustensiles récupérés, des briques, une série de masques africains, des piles de tee-shirts bariolés, des pots de peinture, des blocs d'albâtre, un fer à souder et un impressionnant attirail de pinces, ciseaux et couteaux.

Assise sur un tabouret, la jeune femme lève sa bière dans ma direction. « Merci de vous être déplacé. Ce n'est pas que je goûte excessivement la compagnie de mes semblables mais, oui, il m'arrive de me sentir seule ici-bas. »

Par la porte entrouverte, on distingue la rue, les trottoirs blanchis de chaleur, les mauvaises herbes sur la chaussée, une série de pancartes « À vendre ». Jane renverse la tête. « C'est un quartier à l'ambiance très particulière. Cette solitude, malgré les réseaux sociaux, le soi-disant village global et toutes ces foutaises, c'est la nôtre. La crise, la peur, la dévoration. Une fin du monde permanente. Et se trouver ici, au milieu du désert, c'est parfait, non ? Je pleure la nuit, j'entends les coyotes hurler dans les montagnes, je me dis que, tôt ou tard, un tueur en série s'aventurera au cœur de cette interzone et me dépècera au petit matin mais que voulez-vous : je crois que je ne pourrais plus vivre ailleurs. Ce désespoir m'est vital. »

Jane Oldham, ce n'est pas un secret, est amoureuse et en deuil. Depuis trois ans, elle habite seule ici. Les chèques de la pension signés par son ex-mari ? Elle les range dans la poubelle. « Tous les mois, il y a cette enveloppe au courrier. Je ne les encaisserai pas, ses foutus machins, mais il ne peut pas s'empêcher de me les envoyer. Je sais qu'il culpabilise. Qu'il se sent responsable de mon affliction. Alors qu'il n'y est strictement pour rien. »

Il y a quelques années, Jane Oldham était mariée à un dentiste de Sacramento. Le couple menait une vie paisible, alors, sans enfant, et caressait les habituels projets d'avenir. « Je ne peux pas dire que j'étais malheureuse avec lui, se souvient la jeune femme. Je ne savais pas ce qu'était le bonheur, voilà tout : je ne savais pas ce qu'était l'amour – cette force qui vous consume et vous rend à votre plus simple vérité. J'ignorais que j'avais le droit de prétendre à cette terrible félicité. Et puis, un beau jour, le charmant équilibre a volé en éclats. »

Cette journée-là, la jeune femme pourrait la décrire minute par minute. « C'était un vendredi, chez des voisins, au bord d'une piscine. Il y avait cette jeune artiste, que l'amie qui nous invitait voulait à tout prix me présenter. "Vous avez beaucoup en commun" : voilà comment elle avait essayé de m'appâter. Si elle avait su !

« Elle s'appelait Sophie. Cheveux rouges coupés à la garçonne, et petite, si menue, et si conquérante à la fois ! Elle fumait des cigarettes roulées, parlait du bout des lèvres, promenait sur le monde un regard mi-joyeux, mi-intrigué. Et son rire ! Elle riait tout le temps et je crois que c'est de ça que je suis tombée amoureuse en premier lieu. Nous avons passé la journée ensemble. Puis la soirée. Puis la soirée du lendemain. Mon mari ne s'était rendu compte de rien. »

Elle s'arrête, pose sa bière, prend une inspiration. « Nous nous sommes revues le surlendemain, et tous les jours après ça. Elle habitait de l'autre côté de la ville. J'avais plongé dans la passion clandestine. C'était une expérience nouvelle pour moi, bouleversante, monstrueuse. Jamais je n'aurais pensé pouvoir tromper mon mari. Et avec une femme ? Mais tout nous poussait l'une vers l'autre. Les goûts artistiques. L'humour tordu. L'entente physique. La passion du désert. Sophie avait toujours vécu seule, elle, et elle n'aimait que les femmes. De ce côté-là, il me restait tout à apprendre. »

Elle ouvre la porte du garage, et la lumière du jour inonde son atelier. « Deux semaines après notre rencontre, nous sommes allées à Vegas. Il y avait une foire d'art contemporain à l'hôtel MGM – c'était, disons, le prétexte – et mon mari, qui pensait que nous étions devenues amies, ne se doutait de rien. Le soir tombait lorsque nous sommes arrivées. Nous avions pris une mauvaise route, à dessein peut-être, et nous avons atterri ici, pas très loin de Floyd Lamb State Park. Les montagnes flambaient à l'horizon. La poussière voletait, Johnny Cash chantait à la radio. Une intuition nous a traversées, alors, dans la même seconde : nous allions habiter ici un jour. Toutes les deux. Dans mon esprit, il ne faisait désormais aucun doute que j'allais quitter mon mari. Les semaines à venir allaient être douloureuses mais j'étais éprise, au-delà des mots. Aucun obstacle ne me paraissait de taille à nous résister. »

Nous sortons dans la rue. Nous sommes seuls, seuls à deux, et la plupart des maisons, blanches, impersonnelles, sont fermées ou à l'abandon. Des ondes de chaleur font trembler le décor. Sur le flanc de la demeure voisine, un panier de basket gît brisé, comme frappé par la foudre. « Le désert est un artiste, murmure Jane en relaçant ses baskets. Et le temps est son pinceau. »

Nous cheminons sans but. Une rue. L'histoire de Jane et de Sophie se dévoile en mots secs, en pierrailles. Jane avoue tout à son mari. Colère, dispute. Jane s'en va, donne rendez-vous à Sophie dans un motel à la sortie de la ville. C'est le soir. Sophie enfourche sa moto. À un croisement, un camion hésite, dérape. Crissement de freins, choc sourd. Sophie est éjectée, son crâne heurte un mur : malgré son casque, elle décède sur le coup. Jane, qui ne sait rien, l'attend jusqu'à l'aube dans sa chambre sordide. Finalement, c'est son mari qui lui apprend la nouvelle, *via* un message laissé sur son portable. Jane rentre à la maison. « J'étais hébétée. Muette. Toute ma vie s'écroulait. Mes projets, mes espoirs, mon avenir.

« Mon mari a été parfait. Il n'a pas pipé mot. Un mécanisme était brisé, qu'il n'a pas essayé de réparer. Je ne l'aimais plus. Aimer n'avait plus aucun sens.

« Trois semaines plus tard, je l'ai quitté pour de vrai et j'ai posé mes valises à Vegas avec mes maigres économies. J'ai loué la première maison qui se présentait et je suis restée enfermée six mois, à pleurer et à travailler. Chaque soir, je devais lutter pour ne pas partir me tuer dans les montagnes. Un coup de volant trop fort, vous savez ? Mais j'ai tenu bon : pour elle, pour nous. J'ai tenu bon en sculptant ces statues. Sophie disait toujours que j'étais venue au monde pour ça – triturer la matière.

— Vous pensez que c'est vrai ? »

Elle cligne des yeux. « J'ai entamé la série des *Angels of Grief* peu après ma rencontre avec elle. Je la concevais comme un travail ironique sur le deuil, la société de consommation, le clonage. L'idée était de lâcher les statues au hasard dans la nature et d'attendre les réactions du public. Et puis un matin – quelques jours avant sa mort – j'ai surpris Sophie devant la première de mes statues, le modèle originel. Elle restait immobile, les bras croisés derrière la tête. Quand je l'ai serrée contre moi, j'ai senti qu'elle avait pleuré. Je l'ai embrassée dans le cou. "Quelque chose en nous résiste à la joie", a-t-elle chuchoté.

« Après sa mort, je me suis remise à sculpter. Différemment. Je me moquais de l'ironie, du message, de tous ces discours stériles et pompeux souvent typiques de l'art contemporain. Soudain, la statue de Story m'est apparue pour ce qu'elle était réellement : l'expression même de la tristesse sans compensation. Après cela, je ne me suis plus arrêtée. »

À un carrefour, cent mètres plus loin, une statue se dresse au milieu de la route. C'est le premier modèle de Jane. Celui qui faisait pleurer Sophie.

Le visage perdu, effacé, l'ange courbe l'échine face aux montagnes pelées, au vide du siècle sans âme. « Je suis devenue une romantique, m'explique Jane en suivant une aile du doigt.

— Et vous avez donné vos anges.

— L'idée m'en est venue naturellement. C'est ce que Sophie aurait voulu, je le sais. J'ai créé un blog. Les gens pouvaient laisser des commentaires sur la vie de leurs statues. J'étais la veuve inconsolable, animée par une mystérieuse pulsion créatrice. Je ne comprenais pas ce que je faisais. Jusqu'à ce que ce type de San Francisco ne se manifeste.

— Ce type ?

— Il avait installé la statue dans son jardin. Il était venu la chercher en camion remorque et elle se tenait face à la baie, à présent, dans cet endroit magnifique – non loin du Golden Gate. Et donc, ce type m'a envoyé un mail. Pour m'informer que la statue pleurait.

— Que… quoi ?

— Pas des larmes de sang. Des vraies larmes.

— Et avez-vous…

— Constaté le phénomène par moi-même ? Absolument. Je suis allée à San Francisco. J'ai vu les larmes. Au début, j'ai pensé que j'allais devenir folle. Mais ce n'est pas arrivé. La statue pleurait tous les soirs, à l'heure précise de la mort de Sophie. Un ou deux sillons, pas plus. Mon client voulait faire analyser le liquide. Je l'en ai dissuadé.

— Vous…

— J'ai peint la statue. Instinctivement. Il fallait que je fasse quelque chose pour Sophie, que j'allège sa douleur. J'étais la seule à comprendre ce qui se jouait. J'ai peint la statue, je l'ai barbouillée de couleurs sans même demander son avis au propriétaire. Je l'ai barbouillée et elle a cessé de pleurer.

— Vous avez conscience, j'espère, que c'est difficile à croire. »

Elle sourit. « Vous avez fait cinq mille kilomètres pour m'entendre raconter ça. Vous en avez conscience, vous aussi ? »

Je me tais : ma façon d'acquiescer.

Dans les semaines qui suivent ces premières larmes, d'autres « hébergeurs » contactent Jane pour lui faire part de phénomènes similaires. La jeune femme leur explique ce qui s'est passé à San Francisco, comment elle a remédié au problème. La plupart des acquéreurs lui demandent de venir. Ils paient le voyage. « Certains devaient penser qu'il s'agissait d'une blague, ajoute-t-elle, que ça faisait partie du concept, que tout le processus était, d'une manière ou d'une autre, *organisé.* Mais les amateurs d'art contemporain sont des gens fortunés et majoritairement ouverts d'esprit. Je venais, quelle que soit la raison. Je continue de venir. »

Elle s'arrête. « Peu importe ce que les gens croient, peu importe ce qu'ils ne croient pas. Pour ma part, je sais ce qui se joue. »

Elle rajuste sa casquette, et nous prenons le chemin du retour. Toujours ce silence, toujours cette chaleur. Ma chemise est devenue une seconde peau. « Vous faites partie des sceptiques, déclare Jane tout à trac.

— Je n'ai pas de position très définie.

— C'est bien ce que je dis. Et c'est compréhensible. »

Nous revoici devant la maison. Jane me précède dans la cour. Une statue à moitié inachevée, que je n'avais pu voir de sa chambre, repose contre une stèle, en attente de burin et de ciseaux. Ses ailes ne sont pas terminées et ses bras n'ont pas encore de mains : des moignons les remplacent. « La tristesse est une énergie, lâche la jeune femme. Personne n'y pense mais c'est vrai. Vous savez ce que je crois ? Je crois que la tristesse de Sophie est demeurée ici, en ce monde. Ce déchirement, notre séparation, c'est tout ce qui subsiste d'elle, dorénavant, de ce qu'elle a été. Je me refuse à parler de fantôme. Un résidu, je préfère. Une brise, déterminée à s'incarner dans ce qui me tient le plus à cœur, dans ce qui nous lie. »

Je hoche la tête. « Ces larmes que pleurent les statues, vous pensez que ce sont les siennes ? Que ce sont celles de Sophie ? »

Dépliant des chaises de jardin posées contre le mur, la jeune femme nous installe à l'ombre, sous l'auvent du toit puis, s'asseyant, étend ses jambes avec volupté. « Ce qui est tuant, avec les gens, c'est qu'ils essaient sans cesse de mettre des mots sur tout. Sérier les données d'un problème, ce n'est pas le résoudre. Attendre est habituellement la meilleure option.

— Vous pensez que les statues vont cesser de pleurer bientôt ?

— Pas bientôt, non. »

Je m'installe à mon tour. « Attendre quoi, alors ? »

Elle se tourne vers moi. Ses yeux étincellent. « Je suis fatiguée que les gens me croient folle, finit-elle par lâcher. La seule folie, en amour, c'est de penser que l'on peut échanger la tristesse contre l'oubli. Je ne veux pas oublier, moi. Je veux sculpter sans repos, peupler le monde de la tristesse de Sophie. »

Elle se lève, prête à m'abandonner. « J'ai remarqué que la quantité de larmes versée avait tendance à s'amenuiser, ces derniers temps. Je reçois moins d'appels aussi, je rêve moins. Le chagrin de mon amour, je le disperse aux quatre vents ; j'aimerais qu'il imprègne le monde. Un jour, oui, les statues cesseront de pleurer. Elles seront juste très tristes, et tristement innombrables, et il n'y aura plus assez de larmes pour cette minéralité commune. Je passerai à autre chose, alors. Je serai toujours aussi malheureuse, mais j'aurai fait tout mon possible pour que Sophie ne souffre plus. »

Trois buts et puis plus rien

C'est un paysage de montagnes sauvages, de canyons vertigineux et de cascades enchanteresses – l'un des secteurs les moins chauds du Brésil, l'un des plus beaux aussi, à en croire les nombreux randonneurs que l'on y croise hiver comme été : à cent quatre-vingts kilomètres à l'ouest de Florianópolis, au cœur de la Serra Catarinense, la petite commune d'Urubici (dix mille habitants) a tout du joyau méconnu.

Né en 1956, Gabriel Da Silva Maia n'a jamais quitté sa ville natale. De son épicerie, qui fait également office d'atelier de réparation, on aperçoit par temps découvert le sommet du Morro da Igreja (mont de l'Église), culminant à 1 822 mètres. Une fois par an, en compagnie d'un groupe de voisins et amis, Gabriel en entreprend l'ascension. L'hiver venu, les tempêtes de neige ne sont pas rares.

J'arrive à Urubici un après-midi de décembre. Assis sur une chaise en fer au milieu de la cour, le maître des lieux replie son journal et se lève avec empressement pour me serrer la main. Âgé de cinquante-quatre ans, il est présenté par tous ceux qui le connaissent comme un homme d'une exquise gentillesse, toujours prêt à accueillir de nouveaux visiteurs et à leur raconter « son » histoire – celle qui a fait de lui une légende locale.

Surmontée d'un curieux 3 en bronze sculpté, sa boutique renferme un bric-à-brac déroutant de produits alimentaires et gadgets en tout genre. « Ne cherchez plus ! » conseille fièrement une pancarte devant l'entrée. À l'intérieur, les étagères croulent sous un amoncellement de boîtes de conserves, plaques minéralogiques, sacs de graines, fanions, bouteilles d'alcool, voitures de collection, épices en sachets, cartes locales, paquets de gâteaux et autres ustensiles de cuisine rangés sans logique apparente. Sur le comptoir, près d'un poste de radio des années cinquante, trois vierges en plastique entourent un portrait dédicacé du pape Jean-Paul II ainsi que plusieurs clichés de famille, une médaille sous verre et la photo jaunie d'une jeune équipe de football, que Gabriel me signale en se tortillant la moustache. « Urubici Atlético Clube, annonce-t-il. 1972. Vous me reconnaissez ? »

Je plisse les yeux. Au centre du cliché, un jeune joueur aux cheveux blonds semble focaliser l'attention du photographe. En regardant bien, on constate qu'aucun de ses coéquipiers ne sourit. « C'était deux jours après l'événement, explique mon hôte. Un moment assez particulier. Deux semaines plus tard, je me cassais la cheville et la vie reprenait son cours. »

Soulevant un rideau de perles, il s'éclipse un instant dans l'arrière-boutique et revient avec une collection de maillots de football qu'il étale sur le comptoir. La plupart sont signés au feutre noir. « Celui-ci, c'est Zico, du temps de Flamengo. Celui-là, c'est Sócrates. Tenez, et voici Romário, quand il jouait au FC Barcelone. J'en ai plein d'autres mais ils sont à la maison. Ma femme dit que j'en fais trop. Mais il faut savoir que je n'ai jamais demandé ces maillots : tous les joueurs me les ont envoyés spontanément. »

D'un tiroir, il sort une pile de lettres jaunies, ficelée par un élastique. L'une des missives est signée Telê Santana. « Celle-ci, c'est celle dont je suis le plus fier. Elle date de 1992, quand il entraînait le São Paulo FC. Il me remercie pour lui avoir porté chance. Le São Paulo FC a remporté le titre cette même année. Tenez ! » Il agite une paire de billets numérotés. « Coupe du monde 1982, en Espagne. Il m'avait invité mais je ne pouvais pas venir : ma femme était enceinte de notre deuxième enfant. Dommage, hein ! D'autant que tous les frais étaient pris en charge. Il doit encore y avoir les billets d'avion quelque part. » Il continue de fouiller. « Je suis toujours très heureux de me plonger dans mes souvenirs, me confie-t-il. Les souvenirs me suffisent. Je les considère comme un cadeau de Dieu. »

Le soleil est descendu derrière les montagnes. Arpentant un dédale de ruelles paisibles, nous descendons jusqu'au stade local. Sur le terrain, devant des tribunes désertes, deux équipes de jeunes joueurs disputent un match amical. Lorsqu'ils aperçoivent Gabriel, tous lui adressent des saluts et des signes. Nous nous installons dans les gradins. Une faute est sifflée ; la partie a repris.

« Voilà, dit Gabriel, c'est ici que c'est arrivé. Il n'y avait pas toutes ces installations à l'époque, pas de tribunes, pas de projecteurs mais, dans l'ensemble, ça n'a pas beaucoup changé. Vous avez vu la qualité de la pelouse ? Pas un coin d'abîmé. Nous pouvons dire merci à la pluie. »

Pendant quelques minutes, nous suivons le match, et Gabriel soliloque. « C'était en 1972, j'avais seize ans et, comme tout le monde, je rêvais de passer professionnel. À cette époque, cependant, je savais déjà que je n'y parviendrais pas. J'étais un défenseur honnête, sans plus, et il y avait au sein de l'équipe des joueurs bien plus talentueux que moi. Notre entraîneur s'appelait Paulo Mendes mais nous l'appelions Paulito : c'était un petit homme caustique, qui mâchait sempiternellement le même chewing-gum. J'étais très amoureux de sa fille, Beatriz. Comme tout le monde. »

Sur la pelouse, la fin du match est sifflée. Les joueurs descendent au vestiaire. Certains trottent à notre rencontre. Gabriel descend pour aller discuter avec eux. Le crépuscule se déploie en nuances pastel. Les joueurs se dispersent. Resté seul sur le terrain, mon hôte me fait signe de le rejoindre. Je le retrouve près du rond central. Inspectant la pelouse, il tourne sur lui-même comme s'il avait perdu quelque chose. Il marche à reculons puis s'arrête à l'entrée de la surface de réparation, devant l'arc de cercle. Les mains sur les hanches, il pose son regard sur moi. « Personne ne sait précisément quand c'est arrivé, déclare-t-il. Entre la vingtième et la vingt-cinquième minute, voilà. »

Il mime un shoot, au ralenti. « La fin de la saison approchait. Nous jouions contre São Joaquim et il y avait 0-0. Je venais de récupérer le ballon ; il fallait relancer une attaque. Il me semble que j'ai voulu faire une passe à l'un de nos avants, mais c'est sans doute plus compliqué que ça. Le gardien adverse s'était avancé. J'ai tiré, tout simplement. La balle a décrit une courbe parfaite et est partie se loger dans la lucarne droite des cages adverses. Pour être honnête, je ne l'ai même pas vue : je m'étais déjà retourné. C'est quand j'ai entendu la clameur que j'ai compris ce qui s'était passé. Mes partenaires couraient vers moi en riant. Je me suis vu entouré de toute part. Je venais de marquer un but à plus de quatre-vingt-quinze mètres de distance. »

Un silence. Demander à Gabriel ce qui lui vient à l'esprit après cet exploit retentissant paraît superflu tant la réponse est évidente : rien. Rien de spécial. Il poursuit. « Le match avait repris. Nous étions copieusement dominés et je devais produire un gros travail à l'arrière, d'autant plus que notre libéro était sorti quelques minutes auparavant sur blessure. Nos adversaires possédaient un ailier très vif en face, qui me posait de gros problèmes. À deux ou trois reprises, j'ai taclé à la limite de l'antijeu. Et puis, aux alentours de la trentième minute, ça a recommencé. » Il se décale vers la gauche, montre les buts adverses. « Je crois que j'ai encore moins réfléchi que la première fois. Je conduisais le ballon, seul dans mon couloir, mes coéquipiers les plus proches étaient marqués, alors j'ai tiré, de toutes mes forces. Ce coup-ci, j'ai regardé jusqu'au bout. Le gardien avait du mal avec ses placements, c'est vrai. Mais ce n'était pas un lob. La trajectoire était courbe, brossée. Le ballon est passé juste sous la barre, le gardien l'a touché. Ça faisait 2-0. Mes partenaires se sont rapprochés ; ils m'ont donné l'accolade avec une sorte de timidité stupéfaite. »

Il revient vers moi, se replace dans sa position initiale, devant l'arc de cercle. « Pour le troisième, j'étais plus avancé. Je dirais que j'ai marqué de quatre-vingt-dix mètres. Des gens ont essayé de mesurer, par la suite. Ce qui est sûr, c'est qu'il ne s'est pas écoulé plus de deux minutes entre le deuxième but et le troisième. Et que, cette fois, j'ai eu l'impression de savoir exactement ce que je faisais. Le ballon a rebondi avant la surface. Le gardien a trébuché en reculant. But. »

Nous traversons le terrain jusqu'aux poteaux adverses. Mains dans les poches, Gabriel cligne des yeux. L'obscurité envahit la pelouse, le vent devient frais. « À la mi-temps, dans les vestiaires, j'étais seul. La première réaction que mon triplé a suscitée chez mes partenaires a été la peur. Pour certains, elle ne s'est jamais complètement dissipée. »

Gabriel s'adosse à un poteau. « Le match a repris. Chacun s'attendait à ce que j'accomplisse à nouveau quelque chose d'extraordinaire. Mais ce n'est pas arrivé. Tout ce que j'ai fait pendant les quarante-cinq minutes restantes, c'est défendre, et assez mal. Nos adversaires sont revenus à 3-3 et ils ont eu à maintes reprises la balle de la victoire. » Il éternue, sort un mouchoir. « Le coup de sifflet final a soulagé tout le monde. Je suis rentré chez moi comme si de rien n'était. Je voulais croire que ça allait en rester là. C'était utopique, bien sûr. Le lendemain matin, une foule inhabituelle est venue assister à l'entraînement. On ne parlait plus que de ça, en ville. Un journaliste local m'a posé quelques questions, ainsi qu'à Paulito. Personne ne pouvait ignorer ce qui s'était passé : une trentaine de témoins avaient assisté à la scène. Comment m'y étais-je pris ? Ça, c'était un autre débat.

« Ce midi-là, notre entraîneur m'a invité à déjeuner. Au dessert, il a posé sa main sur la mienne. "Ce que tu as accompli est unique. Aucun joueur, dans toute l'histoire du football, n'a jamais marqué trois buts semblables dans un même match. Ni ici, ni ailleurs. Tu comprends ce que je te dis ?" J'ai hoché la tête, et il m'a tapoté la joue. »

Nous regagnons l'épicerie. Sur le chemin, un jeune homme nous croise en mobylette, laissant traîner sa main. Gabriel Da Silva tape dedans, et l'engin poursuit sa route. Depuis le jour de son exploit, mon hôte jouit aux yeux des habitants d'Urubici d'un statut tout à fait particulier. « Deux semaines après le match, je me suis cassé la cheville en randonnée, et l'accident a sonné le glas de mes maigres espoirs professionnels. Mais avant ça, il s'est passé beaucoup de choses. L'article dans le journal local a été repris par une multitude d'organes de presse au niveau national ; une équipe radio est venue nous rendre visite, puis ç'a été le tour de la télévision. Les gens me posaient des questions sur mon avenir, sur mes projets. C'était superflu, et très amusant à la fois. Ce qui était moins drôle, c'est que certains joueurs m'ont pris en grippe. Mon triplé, visiblement, leur posait un problème. Je me mets à leur place aujourd'hui. Nous habitions une petite ville sans histoire et j'étais un jeune joueur médiocre, défenseur qui plus est : tout ce cirque ne rimait à rien. Près de quarante ans ont passé et je reste incapable d'élaborer une explication. Mon fils aîné, qui fait des mathématiques, affirme que tout est possible en ce bas monde, et que ce que d'aucuns appellent "miracle" n'est en définitive qu'un événement de probabilité dérisoire. En se basant sur les statistiques de plusieurs milliers d'autres matchs à travers le monde, il a essayé de calculer les chances pour que quelqu'un réussisse un triplé comme le mien : une sur deux milliards. Moi et les chiffres, hein. »

Devant le magasin de Gabriel Da Silva, sa femme est venue nous attendre avec deux de ses petits-enfants.

Mon hôte procède aux présentations : Beatriz Mendes, soixante-deux ans, est bien la fille de l'entraîneur Paulito aujourd'hui décédé.

Tandis que son époux entraîne les enfants pour jouer à l'écart, cette grande brune énergique me livre sa version des faits. « Gabriel persiste à croire que je me suis intéressée à lui à la suite de ces fameux trois buts ; c'est évidemment faux. En premier lieu, je n'étais même pas au stade ce jour-là. Ensuite, je sortais avec un garçon plus âgé. Ce n'est que deux ans plus tard que nous nous sommes mis à flirter. À seize ans, Gabriel était encore un gamin boutonneux, et je me moquais de son triplé comme de ma première paire de collants. Ce que je dois reconnaître, en revanche, c'est que, sans ce triplé, notre vie aurait été différente. Moins agitée ? Moi, l'agitation ne me fait pas peur. »

Gabriel revient vers nous, essoufflé. Il vient de faire « l'avion » pour ses petits-enfants, qui s'accrochent maintenant à ses jambes. Andrezão Tavares, un ami de la famille, traverse la cour à grands pas. Il apporte une bouteille de sa cave. Une table de jardin est dressée. Beatriz dispose les chaises. Les enfants sont repartis jouer.

Ayant rempli nos verres, Andrezão porte gaillardement un toast. « À notre champion ! » Son ami sourit – un sourire fatigué. On devine qu'il doit être las, certains jours, d'être le personnage d'une histoire si brève et si ancienne. Une vie ne saurait se résumer à trois buts. Lentement, un lait noir se répand dans la vallée. Son ami s'agite. « Tu lui as parlé de Telê Santana ? ».

Telê Santana est l'un des plus grands entraîneurs de football de l'histoire du Brésil. En 1971, il offre son premier titre à l'Atlético Mineiro. « Telê est venu me rendre visite un mois après le match, se souvient Gabriel. J'étais extrêmement surpris. Ce qu'il ne savait pas, parce que personne ne l'avait prévenu, c'est que j'avais la cheville dans le plâtre. Imaginez ma frustration ! Mais il a été formidable. Très paternel. J'ai bredouillé quelques mots, nous avons parlé de mes buts, il m'a dit de lui écrire si je rejouais, s'il se passait de nouvelles choses incroyables dans ma vie. Étonnamment – en tout cas, de mon point de vue –, nous sommes restés en relation. Il avait pourtant dû comprendre tout de suite que je ne passerais jamais professionnel. Il faut croire qu'il s'en moquait. »

Beatriz se lève, prend provisoirement congé : elle doit ramener les enfants chez leur mère et préparer à manger pour nous.

Très volubile, Andrezão note à peine son départ. Il a des milliers d'anecdotes à la bouche. De toute évidence, la gloire passée de son ami est restée très présente à son esprit. « Tu as raconté le coup de téléphone de Pelé ? Et la fois où ce moine bouddhiste est venu te trouver ? Et les gens qui demandaient des bénédictions ? Pas uniquement des Brésiliens, hein ! Tu as parlé des Japonais qui t'ont pris en photo ? Bon sang ! Ce serait aujourd'hui, la vidéo serait sur Internet et tu serais célèbre dans le monde entier. »

Gabriel hausse les épaules. On ne peut s'empêcher de penser que le destin s'est trompé de cible en lui octroyant ces vingt minutes de grâce footballistique. « La célébrité ? J'ai eu le bonheur de discuter avec la plupart de mes idoles, je suis resté en contact avec un certain nombre d'entre elles, j'ai épousé une femme fantastique, ma descendance est nombreuse et tout le monde autour de moi est en parfaite santé. Que ferais-je de la célébrité ? Ces trois buts, c'est le détail qui fait ressortir tout le reste. »

Une chauve-souris batifole dans l'encre de la nuit. Gabriel s'étire, m'adresse un clin d'œil. « La vie est douce, ici. Si les gens veulent penser que Dieu m'a offert ce triplé, qui suis-je pour les contredire ? Ce que je sais, moi, c'est que j'étais croyant avant, et que ce match n'a rien changé. »

Andrezão claque son verre sur la table, désignant son ami. « N'empêche que ce type est un porte-bonheur. »

L'intéressé sourit encore : « Ça non plus, je ne peux pas empêcher les gens de le croire. » Il indique le 3 en bronze au-dessus de sa boutique. « C'est le maire de la ville qui a fait commander ce chef-d'œuvre quand je me trouvais à l'hôpital pour ma cheville. Affreux, n'est-ce pas ? Quand des touristes qui ne me connaissent pas me demandent à quoi ce chiffre fait référence, je leur dis que c'est à mes trois enfants. » Il se lève, lisse sa belle moustache. « Et pourquoi pas ? »

Le lendemain matin, sur les coups de dix heures, je pars à la recherche de notre hôte pour lui faire mes adieux. Quelqu'un m'apprend qu'il est au stade. Effectivement, je l'aperçois sur la pelouse, là-bas, en train de disputer une partie avec des enfants. À le voir ainsi courir et s'amuser, on pourrait lui donner quinze ans.

Dans quelques jours, il fêtera son cinquante-quatrième anniversaire.

Ce matin-là, fidèle à lui-même, il tient son poste de défenseur, subtilisant joyeusement le ballon des pieds des jeunes mais trop fougueux attaquants qui déferlent sur lui en vagues régulières. De temps à autre, aux abords de sa surface, Gabriel Da Silva Maia se fend d'un dribble chaloupé puis, relevant la tête, fixe les cages adverses avec perplexité.

On le sent prêt à tirer. Il pourrait le faire.

Il ne le fait pas.

Beauté dans l'œil du spectateur

Depuis la mort d'Elizabeth Angela Marguerite Bowes-Lyon, il y a quelques années, Alamanda Thompson a quitté la mère patrie. Sans le moindre regret, apparemment : la vente de son cottage du Dorset, associée à ses très substantielles économies, lui a permis d'acquérir à prix coûtant une somptueuse et secrète villa à Colombo, Sri Lanka, dans le quartier résidentiel de Vihara Maha Devi Park – qu'en vieille Anglaise nostalgique elle continue d'appeler Cinnamon Gardens.

C'est ici, un après-midi de printemps, qu'elle m'accueille ou feint de m'accueillir, entre ses vieux meubles coloniaux et ses portraits en pied encadrés d'or. « Ma famille a vécu jadis en ces lieux. Mon père était diplomate. J'ai passé mon enfance dans cette ville ; des années insouciantes. Désormais, je suis seule avec mes souvenirs et c'est très bien ainsi. Vous voyez ce secrétaire en bois de rose ? Un présent de la reine mère. Ah, le passé ! Mais l'idée de mourir sous ce soleil ne me déplaît nullement. »

Installée sur sa véranda, un lapin blanc sur les genoux, la vieille femme rêvasse d'une voix rêche tandis qu'oscille, avec des grincements d'assentiment, son luxueux fauteuil à bascule.

À l'instar de ses voisines, la villa de miss Thompson est protégée par un impressionnant mur d'enceinte. Tout, ici, n'est que calme et secret.

Déambulant sur la pelouse, deux vautours débonnaires vont quêter l'ombre d'une bougainvillée. La vieille femme esquisse un geste. « Voici Albert et Maurice. Deux fanfarons. Ne me demandez pas d'où ils viennent ni pourquoi ils se sont installés ici. Pour ce que j'en sais, ils se nourrissent de rats. Ou des restes de mes visiteurs. »

Mains posées sur les genoux, attentive toujours, soupçonneuse parfois, Alamanda Thompson – celle qu'un reporter du *Times* avait baptisée en son temps la « magicienne » – me questionne avec une opiniâtreté tranquille. Nous évoquons mon livre, mes rencontres, les quelques voyages qu'il me reste à accomplir. Sans cesse, j'essaie d'en revenir à elle, à son œuvre. Elle me coupe avec sécheresse. « Pourquoi ne pas ouvrir les yeux, jeune homme ? Je suis beaucoup moins intéressante que toutes ces sommités dont vous me régalez. »

Ébranlé, j'essaie de la convaincre du contraire. « Vous avez vécu une existence fascinante, dis-je. J'aimerais vous entendre en parler. » Fermant les yeux, elle mime le sommeil ou la mort. Son existence fascinante, rétorque-t-elle soudain, se trouve loin, très loin derrière elle. « Comment m'avez-vous trouvée, déjà ?

— Pardon ?

— Par quel biais. Avez-vous mené une enquête ?

— Oh. Non, non ! Un article de journal, rien de plus. Un acteur était interviewé, et il parlait de vous.

— Tiens donc.

— Voulez-vous savoir qui c'est ?

— Dieu du ciel ! Je m'en contrefiche. »

Toujours aussi perplexe, j'observe son profil. Miss Thompson, m'a prévenu l'auteur d'une encyclopédie du thé qui prétend la connaître, est un personnage imprévisible, d'un abord éminemment complexe. « Il faut savoir passer outre, a-t-il ajouté. Avec un soupçon de chance, et si vous ne demandez rien, elle vous fera goûter son breuvage. Le plus rare. Surtout, ne lui en parlez pas. C'est un privilège qui m'a été accordé une fois, il y a des années et, croyez-moi, je m'en souviens encore. »

Alamanda Thompson, qui vient de fêter son quatre-vingt-septième anniversaire, est connue pour avoir inventé le meilleur thé du monde.

La reine mère était sa cliente. Le prince Charles aussi, et Elton John, et Hugh Grant, et la moitié du show-business anglais de même, à n'en pas douter, qu'une portion non négligeable de la vieille aristocratie londonienne. Le nom de ce nectar ? « Beauty », en toute simplicité. À ma connaissance, et à celle de tous ceux à qui je me suis adressé, la production en a été définitivement arrêtée.

« J'ai pris ma retraite, me confirme l'intéressée. Il était plus que temps. La reine mère me tapotait la main dans les salons de Buckingham : “Ne vous avisez pas de mourir avant moi, méchante diablesse !” Elle ne désirait qu'un thé, et c'était le mien, pour des raisons qui m'échappent. Vieille bique obstinée. Elle n'avait pas froid aux yeux.

— Comment l'avez-vous connue ?

— C'est elle qui est venue me chercher, qu'allez-vous penser ? Je tenais cette boutique dans le Dorset, et les affaires marchaient convenablement. Il faut croire que ma très relative renommée a été portée à la connaissance de Sa Grandissime Majesté. C'était en 1967, au mois de juin. »

Célibataire par choix, solitaire acharnée, Alamanda Thompson possède une mémoire inquiétante. Ses années au service de la reine mère, on dirait qu'elle les a vécues hier. « Je n'ai pas changé grand-chose à mes habitudes après 1967. On voulait que je m'installe à Londres ; j'ai refusé. Je possédais une clientèle fidèle, pourquoi m'en séparer ? Et puis j'aimais trop ma campagne. Les taxis, les boutiques, les pubs bondés, très peu pour moi. La reine mère a mis une voiture privée à ma disposition : Rolls-Royce avec chauffeur. C'était préférable. Le calme avant tout. Vous entendez, comme on n'entend rien ? La qualité de ce silence ? »

Elle lève un doigt, sévère. C'est l'instant que choisit l'un des vautours pour émettre un croassement étranglé. La vieille dame le fusille du regard. « Maurice, crache-t-elle, cessez vos pitreries ! »

D'un geste, elle congédie l'importun. « Jeune crétin. Il adore faire son intéressant. » Dépliant ses ailes, l'oiseau disparaît derrière un buisson.

« Le calme, répète la vieille femme deux minutes après qu'il a disparu. Le calme est tout ce qui importe. Que connaissez-vous à l'art du thé ? »

Nerveusement, je déboutonne le col de ma chemise. Une chaleur étouffante s'est abattue sur Colombo. Je me sens poisseux, à bout de souffle. Je susurre un « rien » timide.

Je ne suis pas un amateur de thé. Tout ce que je sais, je l'ai appris avant de venir, afin de ne pas paraître trop ignare.

Le thé, comme son nom l'indique, est obtenu par infusion des feuilles du théier (arbuste natif d'Extrême-Orient, dont on distingue trois espèces) séchées d'abord et, le plus souvent, oxydées ensuite. D'origine chinoise, il est aujourd'hui la boisson la plus bue au monde après l'eau. La cueillette des feuilles s'effectue idéalement à la main ; le Sri Lanka, sous son ancien nom de Ceylan, en est l'un des plus gros producteurs.

Les heures s'écoulent, languides, doucereuses. Alamanda parle à demi-mot, s'interrompt sans raison, ouvre des livres, produit d'antiques clichés, exhibe un assortiment de boîtes en fer.

Les feuilles les plus jeunes, vert clair, sont les plus riches en caféine et en tanin – celles qui fournissent la boisson la plus raffinée. À l'extrémité des branches se trouve un bourgeon recouvert d'un duvet blanchâtre, le *pekoe* (terme chinois signifiant « duvet blanc »), qui n'est autre que la jeune pousse enroulée sur elle-même. Ce bourgeon-là est particulièrement recherché. Plus on redescend sur la branche, plus les feuilles sont larges, moins la boisson est savoureuse : c'est pourquoi on effectue plusieurs sortes de cueillettes suivant les normes de qualité souhaitée. Dans la cueillette dite « impériale », on cueille le *pekoe* plus une feuille ; dans la cueillette dite « fine », le *pekoe* plus deux feuilles ; dans la cueillette « normale », le *pekoe* et trois feuilles ou plus.

« Les différentes sortes de thés, contrairement à ce qu'ont longtemps pensé les Occidentaux, ne proviennent pas de différentes espèces de théiers, mais sont obtenues en traitant différemment les feuilles. Si les opérations élémentaires sont simples à décrire, les méthodes précises de récolte et de traitement sont des secrets jalousement gardés.

— Et vous possédez l'un de ces secrets.

— Je commercialisais toutes sortes de thés, obtenus auprès de producteurs locaux triés sur le volet. Mais assez rapidement, je me suis spécialisée dans les thés jaunes.

— Les thés jaunes…

— À opposer aux verts, blancs, rouges, noirs, post-fermentés ou semi-oxydés, lâche-t-elle dans un soupir, qui tous sont associés à des méthodes de fabrication spécifiques. Les thés jaunes venus de Chine sont les plus fins et les plus rares. Ils subissent une légère fermentation à l'étouffée, et leurs feuilles sont laissées de côté :

seul le *pekoe* est utilisé. Après la torréfaction et le roulage, les feuilles couvertes d'un tissu humide sont conservées en petits tas pendant plus de vingt heures à un degré d'humidité compris entre 80 et 90 %. Elles demeurent ainsi jusqu'à oxydation, puis subissent une dessiccation brève. »

J'agite les mains, reconnaissant ma défaite. « N'essayez pas de m'ensevelir sous les termes techniques.

— Ce ne sont que des mots. L'essence du sortilège demeure hors de portée. Les secrets ne se disent pas : ils se vivent. »

Tous les six mois, et pendant près de trente-cinq ans, Alamanda Thompson se rend elle-même en Chine, dans un endroit dont elle refuse de divulguer le nom. « Je reste sur mes gardes, se justifie-t-elle : je ne vous connais pas. Qui me dit que vous ne travaillez pas pour l'un de ces horribles consortiums désireux d'empoisonner le monde à coups de vulgaire thé en sachets ? Pouah. D'accord, d'accord. Disons que je me trompe. Peu importe. Cette information ne vous servirait à rien.

— À propos de ce thé “Beauty”...

— J'ai toujours considéré les cultivatrices avec lesquelles je travaillais comme des sœurs. Elles étaient deux. L'une d'elles est morte ; l'autre est à l'abri du besoin, je peux vous le certifier. Ces femmes produisaient un thé unique : une œuvre d'amour, de solitude et de passion. La lune avait son influence, l'éclat particulier du jour. J'ai protégé mes amies. Des industriels sans scrupule attendaient à nos portes. Ils ne sont jamais entrés. Je me méfie de tout le monde par principe.

— Miss Thompson, dis-je, essayant de passer outre ses allusions déplaisantes, le thé “Beauty” existe-t-il encore aujourd'hui ?

— Officiellement, non. Mais allez, debout. Venez sangloter. »

Appuyée sur sa canne, la vieille femme me précède dans sa cuisine, où s'affaire une servante. D'un claquement de doigts, Alamanda lui fait signe de quitter les lieux. La jeune fille s'exécute.

Mon hôtesse attend que l'écho des pas s'éteigne pour ouvrir le placard du milieu. Lequel abrite un coffre à serrure digitale. « Auriez-vous l'obligeance de regarder ailleurs ? »

Je me retourne, le temps de la laisser composer son code. La porte blindée est béante. Alamanda pose un pot de fer sur le plan de travail, l'ouvre en grimaçant, en sort un autre plus petit, dont elle dévisse le couvercle à son tour. « Approchez. » Je m'avance, hume le mélange. « Je préfère vous prévenir, siffle la vieille femme : vous n'apprendrez rien de plus. Il faudrait des années au nez le plus expérimenté pour apprécier la valeur d'un tel parfum. Vous, je crois que vous me plaisez. Vous êtes tellement idiot. Une information pour votre gouverne : au kilo, le prix de ce thé est équivalent à celui de l'or. La plante pousse sur une parcelle insignifiante. Un sol unique, un vent unique, un soleil à nul autre pareil.

— On m'a parlé aussi de la préparation. Je vous avoue qu'il s'agit d'un autre territoire vierge pour moi.

— Sans rire. »

Elle plisse le front, referme le pot. « La préparation est une étape essentielle, en effet. À mes meilleurs clients, il m'arrivait de divulguer quelques conseils appropriés. Les autres, je les laissais se débrouiller. »

Elle tapote le couvercle, range le pot dans son coffre-fort. « La réussite dépend en partie de la qualité de l'eau et de sa température, ainsi que du temps d'infusion. Les petites quantités sont toujours préférables : dix centilitres, c'est l'idéal. Il faut aussi prêter attention au matériau de la théière, à la minéralité de l'eau, et à un certain nombre d'autres paramètres dont je vous épargnerai l'énumération. Pour ma part, je me sers d'un *gaiwan* : c'est une tasse chinoise de faible contenance, aux qualités thermiques hors du commun. Le thé jaune est singulièrement fragile, et le "Beauty" est la plus mortelle des créatures : il importe de ne pas le brûler. Par ailleurs, j'utilise une eau de pH 7 sans silice, pauvre en potassium et, à un degré moindre, en sodium. »

Rituels, frémissements d'alcôve, alambics : ce type du *Times* avait raison, miss Thompson est une adepte des arts sombres.

Plus tard, tandis que nous retournons sur la terrasse pour regarder les vautours parader dans les fastes du soir, la vieille femme renifle. « Quand repartez-vous ? »

Je la dévisage, surpris. « Nous en avons parlé au téléphone. Je croyais…

— Ah, oui. Demain. »

Je hoche la tête, vaguement rasséréné. Miss Thompson croise les bras, se balance plus fort, émet un ricanement contrariant. « Il n'y a rien d'aimable chez moi, finit-elle par lâcher. Je n'ai jamais vécu que pour ce thé. La beauté. La pureté. Le thé, c'est la méditation, le temps libéré, l'appréhension douce de la mort. C'est un art dont je pense posséder la maîtrise, à un certain degré. La reine mère me le répétait. "Les souverains vont et viennent. Les guerres, les crises, les révolutions. Mais la beauté demeure. La grâce. Votre thé." C'est elle qui a trouvé le nom du mélange. Qui me l'a imposé, du reste. Elle pensait probablement à sa fin prochaine. À quelle heure comptiez-vous mettre les voiles ?

— Je vous avoue que…

— Six heures.

— Plaît-il ?

— J'ai fait appeler un taxi. Six heures. Levez-vous à cinq heures, prenez une douche glacée, profitez de la pénombre et puis venez ici, sur ce fauteuil que j'occupe.

— Bon. Bien. »

Prétextant une migraine galopante, la vieille femme me laisse à mes interrogations. Un colosse au visage fermé – l'homme qui m'a accueilli à mon arrivée – l'accompagne dans le couloir. Un dîner, m'apprend-on, me sera servi dans ma chambre d'ici une demi-heure. L'entretien avec miss Thompson est manifestement terminé.

Je me lève à mon tour. « Il me restait une ou deux questions à vous poser…

— Je n'ai rien à ajouter, marmonne la vieille femme en claudiquant vers l'escalier central. Voyez avec mon secrétaire pour les détails. »

Je retombe sur mon tabouret, frustré. Au beau milieu du parc, le vautour Maurice semble découvrir son envergure. Me repérant, il bat des ailes et produit un gloussement.

La nuit n'est pas très bonne. Trop chaude, trop humide, emplie de murmures et de craquements. Toute la villa gémit.

Mes rêves se mêlent aux ténèbres. Je me sens oppressé, irrité. Pour quelle raison suis-je venu jusqu'ici ? Les secrets ne se révèlent pas.

À quoi miss Thompson occupe-t-elle ses journées ? Peut-on encore acheter du thé ici ? J'ai bien essayé, à la fin du souper, de poser au secrétaire de miss Thompson les questions restées sans réponse. Mais il s'est contenté de débarrasser mon assiette.

Cinq heures. Obéissant aux ordres, je me lève et prends ma douche glacée. Après quoi, pieds nus, je m'avance sur la terrasse.

L'aube se dilate, gorgée de fraîcheur. Les vautours ont disparu. Sur une petite table basse en tek, qui ne se trouvait pas là hier, une tasse fumante m'attend. Je jette un œil aux environs avant de m'asseoir. La brise soulève un rideau blanc. Personne à part ce fantôme. Je lève la tasse à mes lèvres. Senteurs de jasmin et vent d'altitude, je –

Ferme les yeux.

Lorsque je les rouvre, je suis étendu de tout mon long au milieu du jardin, et les deux vautours paradent à mes côtés comme s'ils avaient décidé d'attendre un moment avant de s'attaquer à ma carcasse. Je me redresse, cœur battant. L'herbe ruisselle de rosée et mes joues sont mouillées aussi, mes paupières enflées. J'étends mes mains, les inspecte. Elles tremblent, et je suis incapable de comprendre pourquoi.

« Le taxi vous attend. » Je me retourne sur mon séant. Le secrétaire de miss Thompson est debout derrière moi. Me tendant la main, il me relève d'une traction. « Merci », dis-je, d'une voix si étranglée que je ne la reconnais pas.

L'homme me tend un mouchoir. J'essuie mes larmes. « J'ai vu le jour de ma mort, dis-je, à ma propre surprise.

— Je sais.

— Vous savez ? »

Nous traversons le jardin. Je lève les yeux. Là-haut, derrière la fenêtre, une ombre m'observe, j'en suis certain.

Je parle, je parle, et je ne peux plus m'arrêter. Pareils à des perles sans valeur, les mots m'échappent, roulent et se mêlent à mes pieds. « Ce thé, dis-je. Comment aurais-je pu savoir que… Il n'est pas *exceptionnellement* bon. Bon n'est pas le, euh, terme.

Exceptionnellement fort, en revanche : magnifiquement intense. Ces adverbes. La main d'un géant m'a saisi. L'irrésistible halage. Soulevé du sol, inspecté, broyé, rejeté à terre. J'ai vu ma mort dans le blanc des yeux. Madame la mort, sans majuscule. Les circonstances, la date, jusqu'aux détails les plus obscurs. Le sang gelé en mon cœur. À présent, il me semble avoir oublié l'essentiel. Merde. Malédiction. Pardonnez-moi. Je ne sais pas pourquoi je vous raconte ça. Ce thé. Ce thé délirant. »

Sur mon bras, la prise du secrétaire se raffermit. « Essayez de vous calmer, dit-il. Les effets ne tarderont pas à se dissiper.

— Je ne goûterai plus jamais rien de tel.

— Non. »

Devant la grille, nous nous arrêtons encore. Je passe ma langue sur mes lèvres. Le goût est là, il s'atténue, va se dissoudre bientôt, et les larmes sont de retour. « Depuis… combien de temps travaillez-vous au service de cette femme ? »

L'homme reste mutique.

« Elle ne m'aime pas beaucoup, n'est-ce pas ? Elle a voulu me faire du mal. »

Le secrétaire déverrouille la grille à l'approche de mon taxi. « Vous vous trompez, répond-il. Elle vous a observé. Elle a réfléchi à votre sujet, elle a pesé le pour et le contre. Ces questions sur votre travail – pourquoi, à votre avis ? Elle vous a jugé digne, vous pouvez vous en féliciter. Digne de goûter à la beauté du monde, désireux de vous y risquer. Cela n'a rien à voir avec le fait de vous aimer ou pas. Miss Thompson ne raisonne pas en ces termes.

— Vous, dis-je, avez-vous déjà bu de ce thé ? »

Sur son visage, une ombre de sourire. « Je ne suis pas très aventureux. Je ne suis pas la reine mère, je ne cherche pas de réponses, et des responsabilités m'ont été confiées. On compte sur moi pour cette villa. La beauté ? Et pourquoi pas la mort ? Non, dit-il, avec une pointe de satisfaction narcissique, miss Thompson doit juger que je suis trop jeune pour tenter l'expérience, ou pas assez torturé. Je ne dis pas ça pour vous, hein ! Chacun ses raisons. »

S'il le faut, nous déclencherons la Troisième Guerre mondiale

Heinrich Mazdorf Ier est un monarque influent : du moins est-ce ainsi qu'il se présente. « Je traite d'égal à égal avec les grands de ce monde, affirme-t-il. Bien sûr, ils évitent de l'admettre en public. Mais tous me connaissent, et je les connais tous. »

Au moment où je m'apprête à franchir la frontière, Heinrich lève la main. « Stop ! Vos papiers sont-ils en règle ? »

J'exhibe un passeport. Il tend la main. « Montrez-moi ce machin. Et restez où vous êtes, s'il vous plaît. Le ministère de l'Immigration va étudier votre requête. »

Il tourne les pages, inspecte ma photo, revient plusieurs fois, scrute mon visage. « Hum. Moins de cinq ans, d'accord. Ça me paraît en règle. Disposez-vous du formulaire R 511 ? »

Je secoue la tête. « Non. Navré.

— On le trouve sur Internet.

— Je sais. Mais le site n'est plus accessible.

— Damnation. »

Il jette mon passeport à mes pieds, se retourne vers l'un de ses sacs et en tire un cahier à spirale dont il feuillette les pages d'un doigt mouillé avant de tirer un stylo de la poche de sa veste. « Nous allons être obligés de procéder manuellement, m'explique-t-il. C'est plus fastidieux mais rassurez-vous : votre demande sera traitée dans les plus brefs délais. Alors… Nom, prénom – ça, je les ai. Date de naissance, aussi. Durée du séjour ?

— Je ne sais pas. Une heure, je pense. Deux.

— Une ou deux ? Soyez précis.

— Deux.

— Parfait. Motif du séjour. Vacances ? Professionnel ? Autre ?

— Autre.

— Mais encore ?

— Je suis venu pour vous interviewer, dis-je.

— Mettons alors "audience royale". Lieu de résidence souhaité ? »

Je me caresse la mâchoire. Sa Majesté Heinrich Mazdorf Ier, elle, a élu domicile sur le Steinerne Bank du Englischer Garten de Munich – un large banc de pierre en arc de cercle situé à l'emplacement d'un ancien temple d'Apollon, et sur le dossier duquel l'inscription *« Hier wo Ihr wallet, da war sonst nur Wald und Sumpf* * » a été gravée.

Les deux marches menant à l'édifice sont couvertes de feuilles mortes. Sur un carton, le long du monument, le monarque a déroulé un duvet à côté duquel

* « Là où vous marchez ne se trouvaient autrefois que forêt et marécages. »

sont entassés des sacs ainsi qu'un réchaud à gaz, une batterie de casseroles, douze boîtes de conserves et quelques ustensiles de cuisine. Aux pieds de Sa Majesté, un jeune labrador à robe noire somnole. Lieu de résidence ? Je désigne la première marche. « Je pourrais rester ici, dis-je. Ou plus haut, à votre convenance. »

L'homme opine, sourcils froncés. On lui donnerait soixante-dix ans, à vue de nez, mais la barbe broussailleuse qui lui mange le visage ne facilite pas l'évaluation. Coiffé d'un béret basque, chaussé d'après-skis, vêtu d'une veste en peau de mouton ouverte sur un maillot rapiécé du Bayern de Munich, Heinrich Mazdorf a tout du vieux clochard désaxé. Ses grands yeux bleus, injectés de sang, me fixent avec insistance. « Vous n'avez pas pris rendez-vous. Une chance pour vous que je sois disponible. Audience accordée, allez. Vous pouvez entrer dans le royaume. »

Avec un soupir de soulagement, je pose un pied sur la première marche. Je viens officiellement de quitter l'Allemagne.

Heinrich Mazdorf Ier s'est installé dans le Englischer Garten, le parc principal de Munich (équivalent de Central Park ou des grands espaces verts de Londres et de Paris), il y a une bonne trentaine d'années. La *Chronique Certifiée du Royaume de Mazdorf*, dont il conserve un exemplaire unique – un carnet à couverture similicuir protégé par des lambeaux de ruban adhésif –, nous apprend que ledit royaume a été fondé en 1981 par décision unilatérale, et qu'une Constitution a été rédigée dans la foulée. Au commencement, elle ne comptait que dix articles et s'inspirait du modèle américain, à ceci près que les pouvoirs exécutif, législatif et judiciaire reposaient entre les mains d'un seul homme : le monarque lui-même. Depuis, une multitude d'amendements y ont été adjoints, au point que le texte originel est devenu obsolète. Par exemple, le chien « n° 5 » – celui qui dort au pied du banc – est investi, à l'instar de ses prédécesseurs, d'un rôle consultatif et d'un droit de veto quant à l'emplacement du royaume, lequel change régulièrement. En d'autres termes : quand n° 5 n'est pas satisfait de l'endroit où il dort, il aboie, et Heinrich déménage.

Les lois du royaume, elles, sont peu nombreuses, mais assez strictes : interdiction de photographier, interdiction de mâcher du chewing-gum à la fraise, de s'asseoir sans y avoir été invité, de prononcer le nom d'un club de football autre que le Bayern de Munich, etc. Le monarque lui-même est chargé de leur application ; n° 5 lui prête parfois main-forte.

Admis à prendre place aux côtés de Sa Majesté (un honneur réservé aux invités de prestige, et pour lequel je me confonds en remerciements), je lui présente mon dictaphone numérique. Heinrich Mazdorf Ier le dédaigne. « Sauf dérogation, l'usage des appareils électriques et électroniques est interdit sur l'ensemble du territoire. Amendement 76, article 3. »

Sur les conditions d'attribution de la dérogation en question, je m'abstiens de questionner mon hôte. « Puis-je prendre des notes, dans ce cas ?

— Pourquoi pas ? Tant que vous ne vous livrez pas à la diffamation… La liberté de la presse et de l'information est garantie par notre septième amendement.

— Parfait. »

Des amis bavarois et un journaliste de la presse régionale m'ont déjà communiqué un certain nombre d'informations à propos du roi Heinrich Mazdorf Ier. Le personnage, qui se targue de posséder « le plus petit royaume du monde », est bien connu des Munichois. Nul ne sait quelle profession il exerçait avant d'être roi. « Aujourd'hui, m'explique le journaliste, il vit de ce qu'il appelle le commerce extérieur. Autrement dit, il pratique la mendicité. Mais il prend les affaires d'État très au sérieux. »

Sérieux.

Le mot, peut-être, qui rend le mieux justice à l'œuvre de Heinrich Mazdorf Ier depuis trente ans. « Ceux qui le connaissent mal pensent que l'essentiel de son action relève du folklore, raconte un ami. Un jour, il a été contacté par un galeriste berlinois persuadé qu'il se livrait à une installation en temps réel. L'homme a voulu l'inviter à la Foire d'art contemporain de Bâle. Sa Majesté a très mal pris la chose. Pour lui, rien de tout ceci n'est un jeu. Il consacre en moyenne deux heures quotidiennes à ce qu'il appelle ses "tâches administratives". Régulièrement, il envoie des courriers à des chefs d'État du monde entier. Il a déjà demandé à rejoindre l'ONU et l'OTAN, à intégrer l'Union européenne. Il a averti les instances internationales qu'en l'absence de réponses, il considérerait son adhésion comme validée, en vertu du principe du “qui ne dit mot consent”. Aujourd’hui, il croit dur comme fer qu’il est roi et que l’existence de son royaume est reconnue partout. »

Sur les coups de quatre heures (quatre heures et demie en été), Sa Majesté Heinrich Mazdorf se livre au rituel du dîner, qui consiste en général à avaler le contenu à température ambiante (le réchaud ne fonctionne plus) d’une boîte de conserve – légumes, plat préparé ou autre. N° 5 est autorisé à lécher les restes. J’apprends, à cette occasion, qu’il est aussi le seul membre du royaume à bénéficier d’un laissez-passer permanent lui permettant d’entrer et de sortir à sa guise. Pour l’heure, le museau dans les feuilles, il ronfle toujours.

D’un revers de main, le roi s’essuie la bouche. Des restes de raviolis maculent sa barbe : j’ai rarement vu un homme manger avec une telle voracité. Lorsque je suis certain qu’il en a terminé, je me permets quelques questions sur la santé financière du royaume et la situation de sa politique extérieure. Sa Majesté éructe placidement. « Nous nous trouvons en excellents termes avec la majorité des pays occidentaux. Le président américain a répondu à mes vœux de bonne année. (Il exhibe une lettre récente, effectivement frappée du sceau fédéral.) Je lui ai proposé une rencontre, un banquet, une tombola. Nous verrons bien. Le président français est moins sympathique. Les lettres que je lui adresse demeurent sans écho. Je préférais son prédécesseur :

lors de la Coupe du monde 1998, il m'avait envoyé un maillot de l'équipe nationale.

— Vous l'avez encore ?

— Hélas non. Je l'ai revendu lors de la crise financière de 2001. La trésorerie du royaume se trouvait dans un état critique. Un Japonais s'est porté acquéreur. »

Il crache à terre.

Un jogger passe, s'arrête devant nous en faisant du surplace puis repart, interloqué. De temps en temps, des curieux ralentissent, sortent un appareil photo. La juridiction du royaume ne s'étendant pas au-delà des frontières, Sa Majesté les exhorte à déposer quelques euros dans une écuelle en fer-blanc, au titre de l'aide internationale. La plupart obtempèrent. « Les donations atteignent des montants variables, m'indique Heinrich, mais leur volume global est important : 26 % des ressources du dernier budget national proviennent des recettes touristiques.

— Et les autres ?

— Taxes compassionnelles : 37 % ; export : 24 % ; prospection financière : 13 %. »

Les taxes compassionnelles, m'a expliqué le journaliste (qui ne désespère pas, malgré les réticences de ses supérieurs, de faire figurer Sa Majesté dans le guide touristique dont il a la charge), correspondent aux fruits de la mendicité passive dont Heinrich s'est fait une spécialité.

Par export, il faut entendre « revente d'objets abandonnés » et par prospection financière, les pièces et billets trouvés dans l'herbe. Tous les matins, entre dix heures et midi, Sa Majesté sort en effet de son royaume. Au programme, recherche de financements et missions diplomatiques auprès des jardiniers ou des forces de police.

« Je suis victime de vexations et de pressions incessantes, raconte Heinrich. Tel est le lot des royaumes de petite taille. Régulièrement, on m'incite à changer de place, voire à quitter purement et simplement le parc. Sur ce point, je n'ai jamais cédé et je ne céderai jamais. Je l'ai signifié à la chancellerie allemande par recommandé.

— Où les gens peuvent-ils répondre à vos, euh, courriers ? »

Il me dévisage, sincèrement surpris. « Boîte postale, quoi d'autre ? Je possède aussi des ambassadeurs qui n'hésitent pas à se rendre en territoire étranger pour moi. Vous n'iriez pas en Hongrie bientôt, par hasard ? Je cherche quelqu'un pour la Hongrie.

— Désolé.

— Bah, pas de surprise : c'est aussi ça, la politique. Quoi qu'il en soit, j'ai écrit à Amnesty International et à plusieurs organisations humanitaires du même acabit. Aucune réaction pour l'instant. Vous n'êtes pas sans savoir que ces gens subissent des pressions en haut lieu. La tension internationale est à son comble. »

Au cours de l'heure suivante, j'apprendrai que Sa Majesté a déposé auprès des autorités internationales des demandes pour : frapper sa propre monnaie, émettre ses propres timbres, hisser son propre drapeau (feuille de chêne verte sur fond blanc), entretenir une armée humaine (la seule qu'il possède, pour l'heure, consiste en une bande de chiens errants qui semblent avoir pris n° 5 en affection) et prélever des impôts (« mais, reconnaît-il lui-même, il faudrait déjà que je déniche des contribuables fiables »). Aucune réponse ne lui a été faite. Heinrich ne s'en formalise pas. Le temps, déclare-t-il, joue pour lui. Sa grande obsession ? La situation internationale : « atrocement précaire », à l'en croire. Lorsque je lui demande sur quels éléments il s'appuie pour émettre une telle assertion, il flanque un coup de pied à son chien. Réveillé en sursaut, n° 5 dresse les oreilles, en alerte. « Va voir ailleurs si j'y suis », marmonne son souverain. Vexé, le cabot s'éloigne en boitillant. C'est alors, seulement, que je constate qu'il ne lui reste que trois pattes.

Nonchalamment, Sa Majesté se cure le nez. « Le climat est lourd, mon cher : très lourd. La faute à qui ? Je vous pose la question. Nous avons nos convictions ; nous n'y renoncerons pas. S'il le faut, nous déclencherons la Troisième Guerre mondiale.

— Pardon ?

— Je ne dis pas ça de gaieté de cœur, croyez-moi. Ce qu'il y a, c'est que ces foutus Autrichiens me mettent les nerfs en pelote. » Son regard se durcit. Il sonde les sous-bois.

« Les Autrichiens ? Qu'ont-ils fait ? »

Un ricanement sans joie s'échappe de ses lèvres. « Que n'ont-ils pas fait, vous voulez dire ! En principe, vous l'imaginez bien, ce type d'affaire relève du secret d'État. Mais vous m'êtes sympathique, et je prône la transparence : si votre livre peut m'aider à faire connaître la position de mon royaume à l'égard de son puissant voisin, qu'il en soit ainsi ! »

Avachi, il se frotte les yeux comme un bébé. « Il y a deux ans, j'ai envoyé un courrier à la présidence fédérale autrichienne. J'y demandais des fonds pour l'érection d'un mémorial de repentance nationale ici même, au sein du parc. Je me suis montré magnanime : je leur ai laissé le choix de l'emplacement, et même de l'architecte.

— Repentance ?

— Dans cinq secondes, vous allez me demander : "Repentance pour quoi ?"

— Peut-être même avant. »

Il serre les poings, les lève vers le ciel. « Seigneur, protégez-nous de l'ignorance !

— Excusez-moi, je...

— Ne vous formalisez pas. C'était une boutade, je ne suis même pas croyant. Mais on dit "Votre Majesté" quand on s'adresse à son roi. Repentance pour quoi, questionnez-vous fort à propos ? Réveillez-vous, mon cher ! Hitler est né en Autriche ! Dans un village autrichien ! Que vous faut-il de plus ? Hitler ! Adolf Hitler !

— Oui, je sais qui c'est.

— Ça, j'en doute fort. Toujours est-il que ces messieurs des instances fédérales autrichiennes n'ont pas jugé utile d'accuser réception. J'en ai conclu que l'idéologie nazie leur était foncièrement sympathique. Rien n'a encore été décidé, notez bien. Mais si je ne reçois aucune réponse dans les deux mois qui viennent, je déclarerai la guerre à l'Autriche. Et j'inciterai les autres nations à m'emboîter le pas. Qui m'aime me suive ! »

Il a crié ces derniers mots. Le voici courbé sur son banc, haletant comme son chien, rajustant son béret de ses mains tremblantes. « Les nazis, murmure-t-il d'une voix hachée, oh, oui, ils veulent la guerre. Eh bien, ils l'auront. J'ai des légions de chiens galeux. Des tranchées de feuilles mortes. N° 5 en première ligne. Peur de rien. Résolution ferme-ta-gueule – la communauté internationale me soutiendra. Une portion au moins, une portion crémeuse et foutrement déterminée. Un beau jour, le Saint-Père répondra à mes relances lui aussi, non pas ses cardinaux, points cardinaux imbéciles, mais je me comprends. Sera bien forcé de prendre parti, sacrebleu ! Depuis Jeanne d'Arc, c'est la même chose. Par le truchement du jeu d'alliances, la Russie se verra forcée d'intervenir, et les États-Unis après elle, et la Chine, et tout le bloc européen. J'en appelle aux héritiers de Tolstoï, aux porteurs de sabre. Nom d'un petit bonhomme, ça va nous faire un sacré feu d'artifice ! Peu importe. J'ai des abris sous le lac. Des amis haut placés. Tu crois que j'ai peur de toi, Adolf ? Les gens vont s'excuser pour ta naissance sans quoi, boum ! Je suis prêt à me nourrir de champignons pendant dix ans afin d'économiser et d'acheter l'ogive nucléaire qui enverra l'Autriche au centre de la terre et transformera tous ces imbéciles en un amas de cendres magmatiques. Le soutien du Japon, je suis sûr de l'obtenir. Les Japonais m'adorent… »

Il marmonne, postillonne, se tord les doigts. Puis il s'arrête, tel un oiseau sur sa branche, prêt à prendre son envol : « Oh, oh ! Si vous pouviez voir votre tête ! Vous l'avez cru, hein ! Vous avez cru que le roi Heinrich Mazdorf Ier était perdu pour la science ! Azimuté, tourneboulé, trépané du bulbe ! Mon pauvre garçon. Pensez-vous que je serais en mesure d'assumer les plus hautes fonctions de la nation si j'étais ne serait-ce qu'en partie psychiquement instable et inapte ? Nous nous trouvons dans un État de droit, ici. Des règles existent, des protections, des mesures d'urgence prêtes à s'enclencher et à se répondre au moindre signe d'alerte mentale. Tenez, demandez-lui si ce n'est pas vrai ! »

N° 5 revient vers nous, la queue entre les jambes. Il y a longtemps que j'ai cessé de prendre des notes. Essoufflée par son petit numéro, Sa Majesté se détourne. Dix minutes durant, il demeure ainsi, immobile, perdu en quelque territoire intérieur.

J'en sais sans doute assez, maintenant. Je me relève. Quitte le royaume en trois pas. Le roi se redresse. « Attendez ! »

Son regard m'implore. « Est-ce que vous connaissez… des gens ?

— À dire vrai…

— Des ministres ? Un footballeur célèbre ? Des sponsors ? Le royaume a besoin de sponsors. La crise, vous savez ! La concentration massive des ignobles richesses dans les mains du plus petit minuscule nombre dérisoire. Nous sommes une monarchie participative libérale et… Comprenez ce que je représente, aux yeux du système reptilien, comprenez : une épine dans le talon de la très hypocrite paix mondiale.

— Je... Je vais y réfléchir. »

Il opine, plein d'espoir. Je forme le signe de paix. Repasser demain ? En l'état actuel des choses, ne rien promettre est préférable.

Sur la pelouse de l'Englischer Garten, un peu plus loin, un quinquagénaire en complet veston m'aborde, hochant le menton en direction du monarque.

« Il vous a parlé ?

— Oui.

— Il vous a parlé de la guerre ?

— Mondiale ? Oui.

— C'est inquiétant.

— Qu'entendez-vous par là ?

— Personne n'écoute jamais les petits. Les poètes. Les illuminés.

— Je ne vous le fais pas dire. »

Il se gratte la nuque. « Nous sommes tous des pays, lâche-t-il. Avec une capitale, le cœur, un président, le cerveau, des partis politiques, les organes, des frontières, des monuments historiques, un passé, des risques d'effondrement. Nous sommes tous des pays se frictionnant les uns aux autres, et personne n'entend parler personne. L'Histoire est condamnée à trébucher, c'est ce qu'on raconte, n'est-ce pas ? Si même ce type-là veut déclarer la guerre, alors que le Ciel nous protège.

— Il ne veut pas tout de suite. Dans deux mois seulement.

— Ah oui, deux mois. Sa maman.

— Sa maman ?

— Vous n'êtes pas au courant. Dans deux mois, c'est l'anniversaire de la mort de sa mère.

— Je l'ignorais, en effet. »

Il sort un portefeuille de sa veste, en tire une carte. « Appelez ma sœur. Le docteur Schneider. Elle travaille pour les services sociaux de la ville. Elle connaît bien Heinrich – n'hésitez pas à lui passer un coup de fil si son histoire vous intéresse.

— Je suivrai votre conseil. Merci. »

L'homme s'incline, rebrousse chemin. Je le regarde s'éloigner sur la pelouse, puis quitte les lieux à mon tour.

L'image du monarque me hante : seul sur son banc, en proie à ses démons et à ses rêves de grandeur. « Mon patron ne veut pas qu'on s'attarde sur son cas, m'expliquait le journaliste hier, parce qu'à ses yeux, c'est un pauvre fou comme il en existe des milliers. Il ne voit pas ce que ces "pauvres fous", précisément, recèlent de trésors et de vérités pour les pauvres gens normaux que nous sommes. »

« Il n'est pas fou, atteste le docteur Schneider le lendemain au téléphone, après que j'ai brossé pour elle les grandes lignes de mon projet. Le terme "fou" ne signifie rien en médecine. Il est maniaco-dépressif, et il le sait pertinemment. C'est un homme doué d'une intelligence remarquable.

— C'est l'impression qu'il donne, en tout cas. Votre frère m'a parlé de sa mère. De la mort de sa mère.

— Oui. La grande affaire de son existence.

— Mais encore ? »

Silence à l'autre bout de la ligne. « Je pourrais invoquer le secret médical. Je le ferais avec n'importe qui d'autre. Mais Heinrich *désire* qu'on raconte son histoire. Il lui est extrêmement difficile de la formuler lui-même, il a mis plusieurs années à le faire avec moi. Avec les autres, il use de la colère. De l'humour. De la tristesse, de la bravade, de la grandiloquence, de tout ce qui passe à sa portée. Allez – je vais vous faire gagner du temps. »

Je la remercie.

Elle se lance d'un coup, comme on franchit un gué.

« La mère d'Heinrich Mazdorf Ier était juive polonaise ; en 1941, âgée de vingt-cinq ans, elle a été sauvée par un ami de son père alors qu'elle était sur le point d'être déportée. Les autres membres de sa famille n'ont pas eu cette chance : ses parents, ses deux frères, sa grand-mère, son oncle, sa tante, ses trois cousins et sa cousine de deux ans ont péri à Treblinka. Heinrich est né peu de temps après la guerre, d'un père inconnu. Sa mère le vénérait, presque au sens propre : elle l'appelait "mon petit roi". Le jour de ses cinq ans, elle s'est donné la mort dans sa chambre en se plantant un couteau dans le ventre.

« Elle a laissé une lettre à son intention : "Ce pays que j'ai bâti pour toi, ne laisse personne l'approcher, ne laisse personne en prendre soin à ta place. Tu es mon tout, ne l'oublie jamais. Protège-toi. Protège-nous." »

Raclement de gorge. « On dirait qu'il a pris l'injonction au pied de la lettre.

— Vous comprenez mieux ? C'est une question sentimentale, pour lui. Un refuge, un souvenir, un sanctuaire. Il y a quelque temps, il a reçu une lettre du Vatican. J'imagine qu'il ne vous en a rien dit. Un document étonnement formel, sur le ton de l'excuse : "À notre grand regret, nous sommes forcés de constater que votre royaume n'est pas répertorié dans la liste des États souverains établie selon la convention de Montevideo." Surprenant, non ? À la toute fin, il y avait cette citation de John Dos Passos, que j'ai trouvée diablement appropriée. "Vous pouvez arracher l'homme du pays, mais vous ne pouvez pas arracher le pays du cœur de l'homme." Son cœur, son pays, son corps : Heinrich n'a que ça. Il est la capitale et le roi sans sujet d'un pays dérisoire, mais les frontières qu'il a tracées sont des frontières sacrées. Il se vexe facilement et s'inquiète plus facilement encore. Je ne crois pas, moi, qu'il ira jusqu'au conflit ouvert, quoi que cela puisse signifier à ses yeux. Si vous comptez le revoir, apportez-lui des meringues : il adore ça et, en règle générale, ça suffit pour empêcher la Troisième Guerre mondiale. »

Toujours dans la lune

Elle s'appelle Suzanne, elle vient de fêter ses cent trois ans et elle ne parle plus ou seulement du bout des lèvres, raison pour laquelle c'est Andrew qui m'accueille – Andrew, son petit-fils, trente-six ans –, dans la vieille demeure familiale de Sainte-Marthe-sur-le-Lac, rue Bellerive, non loin de Montréal. Déplié face à la rivière Outaouais qui, plus loin, se jette dans le Saint-Laurent, le quartier est un havre de paix.

Assis sur des chaises en fer, Andrew et moi bavardons dans le jardin, boissons fraîches au poing ; Suzanne est installée au salon devant une émission de variétés. J'ai eu l'occasion de me présenter à elle, tout à l'heure. J'ai pu lui dire qui j'étais et ce que je venais chercher, bien que son petit-fils m'ait assuré que mes prévenances étaient superflues. « Elle dort, la plupart du temps, et nous trouvons tous, nous, ses enfants et ses petits-enfants, qu'elle commence à décliner sérieusement. J'espère que vous n'escomptiez pas une discussion avec elle. »

Je hausse les épaules. Il y a quelques décennies, après que Suzanne avait raconté son histoire à une chaîne de télévision locale, les Laverdière n'auraient même pas pris la peine de répondre à ma requête, sans parler de m'accueillir. Ils se trouvaient, à l'époque, submergés de sollicitations. « Mon père était à bout, rapporte Andrew. Cette histoire l'épuisait, il ne savait plus par quel bout la prendre. »

Le père d'Andrew est mort, désormais, et son fils s'occupe des demandes concernant sa grand-mère avec une bonne volonté manifeste. « Je continue à recevoir des visites, deux ou trois par an. En dépit de son état, les gens insistent pour interviewer Suzanne. Lorsque nous leur expliquons qu'elle n'est pas en état de répondre et qu'elle ne le sera jamais plus, c'est la colère qui prédomine. Restent les bandes audio. »

Il inspecte l'antique magnétophone à cassettes posé sur la table. « Je sais, concède-t-il, je devrais transférer tout ça sur un support plus sûr et plus moderne. Mais j'adore la texture de ce son. Vieillotte. Légendaire. »

M'abandonnant un instant, il part rechercher à boire en cuisine. Derrière la fenêtre, le profil émacié de la vieille dame se détache avec netteté, et on entend le babillage de la télévision. Andrew m'a confirmé que sa grand-mère ne parlait presque plus de ses voyages, sinon par vagues allusions. « En revanche, affirme-t-il en revenant s'asseoir, elle désire toujours se faire enterrer sur la Lune, et cela nous pose de gros problèmes. Car c'est évidemment impossible. Tout ce que nous sommes en mesure de lui proposer, à ce jour – et je doute que nous puissions jamais faire mieux –, c'est de disperser ses cendres sur la Lune *via* le programme *Celestis*. Mais cela coûte une fortune. » Il cligne des yeux, avale une gorgée de soda, se tourne vers la baie ; un vol d'oies sauvages passe dans la lumière rasante.

De 1967 à 1972, tous les vingt-huit jours, Suzanne Laverdière a prétendu se rendre sur la Lune. Pendant trois années entières, le compte rendu en temps réel de ses expéditions a été enregistré. Avec son autorisation, c'est le docteur Saucier, médecin de famille, qui s'est chargé de recueillir ses paroles sur un magnétophone à cassettes. « J'étais trop jeune, hélas, pour assister à ces séances, rapporte Andrew, et le docteur préférait de toute façon être seul avec elle, mais je crois que nous avons aujourd'hui une idée assez claire de la manière dont les choses se sont déroulées.

— On m'a parlé de séances semblables à des rêves éveillés…

— C'est à peu près ça. Ma grand-mère avait des crises. Elle rentrait en elle-même, d'abord, devenait silencieuse, ne répondait plus aux questions, ne réagissait plus aux stimuli du monde extérieur. Mon grand-père, qui était encore en vie à l'époque, savait déchiffrer les signaux avant-coureurs. Il la portait jusqu'à leur chambre, l'allongeait sur leur lit. Le corps de ma grand-mère se raidissait. Les muscles de ses mains tressautaient, ses yeux se révulsaient : on n'en voyait plus que le blanc. Sa peau devenait dure comme de la pierre. Le mieux, alors, était de la laisser en paix. Quelques minutes après, elle commençait à parler. Le timbre de sa voix était changé. Personne ne la reconnaissait.

— Combien de temps ces crises duraient-elles ?

— Une heure – un peu plus, un peu moins. Elle s'exprimait sur un ton morne, impersonnel, et toujours au présent. Elle décrivait ce qu'elle voyait. Je vais vous faire écouter un ou deux passages, vous êtes venu pour ça, non ? »

Je hoche la tête. Andrew jette un coup d'œil aux alentours, comme s'il craignait que quelqu'un nous espionne. Le souffle léger de la brise se mêle au son étouffé de la télévision qui s'échappe du salon.

PLAY.

« Je me trouve au bord d'un cratère immense ; approximativement 300 miles sur 350. Une multitude de formations, dont trois de grande taille. Je descends – je vais les survoler. (…) La terre est grise, avec des reflets brillants par endroits. C'est comme du charbon. Je prends de la vitesse. L'horizon paraît plus proche à cause de la courbure de la surface. Difficile d'évaluer les distances. Et le silence. Le silence ! (…) Des falaises escarpées s'étendent vers l'ouest ; je les longe ; c'est assez lent. Les falaises sont reliées par des failles gigantesques ; on ne distingue pas le fond. Je prends de la hauteur. Le cratère fait un coude à cet endroit, puis débouche sur une autre mer, étale, hérissée de cratères minuscules et de formations basaltiques qui ressemblent à… »

Ici, la voix devient momentanément inaudible, avant que l'enregistrement reprenne. Andrew appuie sur STOP. « Je crois que vous comprenez l'idée globale. »

J'opine sans réfléchir.

Ces mots, cette voix, ces visions. Je suis encore sous le choc.

Les précisions qu'apporte Andrew me sont déjà connues, mais semblent lui tenir beaucoup à cœur.

Suzanne Laverdière n'a jamais manifesté, avant cette phase de crises, le moindre intérêt pour l'astre lunaire.

Toutes ses descriptions ont été authentifiées et correspondent à des trajets réels à la surface du satellite.

Il est matériellement inconcevable que la vieille femme ait pu, pendant la durée de ses crises, se documenter sur la Lune avec une exhaustivité suffisante pour alimenter les récits dont elle a abreuvé son entourage durant cinq ans.

« Autrement dit, conclut Andrew, et même si personne ici ne soutiendra une seule seconde que ma grand-mère s'est rendue *physiquement* sur la Lune – une telle allégation nous enverrait illico en hôpital psychiatrique –, ses descriptions ne doivent rien au hasard. Nous avons suivi chaque trajet avec des spécialistes de l'observatoire du mont Cosmos, à Saint-Elzéar-de-Beauce, qui les a validés.

— Vous voulez dire que vous êtes parvenus à identifier *tous* les paysages décrits par votre grand-mère ? »

Il acquiesce. « J'ai travaillé pendant plus de deux ans sur ce dossier. Et je le répète, nous avons réussi à authentifier l'intégralité des récits. L'enregistrement que vous avez entendu narre le survol de la Mare Crisium, ou mer des Crises – une mer lunaire de forme ovale située dans l'hémisphère nord de la face visible de la Lune. Il s'agit d'un bassin anciennement empli de lave, d'où le basalte. La mer des Crises est visible à l'œil nu depuis la Terre et héberge trois cratères notables : Yerkes, Picard et Peirce. »

Je sifflote, admiratif. « Vous maîtrisez le sujet.

— Depuis le temps ! Ces enregistrements, je les connais par cœur. Si vous montez au bureau tout à l'heure, je vous montrerai les cartes et les relevés. Nous avons reconstitué l'itinéraire complet, et vous savez quoi ? Il couvre la totalité de la surface lunaire. À mon avis, c'est pour cette raison que les explorations ont cessé. Ma grand-mère avait fait le tour.

— Elle… Elle flottait au-dessus de la surface, c'est bien ça ?

— C'est bien ça. Elle ne marchait pas, bien sûr, il lui aurait fallu des siècles. Elle se déplaçait en volant, à une allure de 60 miles/heure, et à une altitude que nous estimons – mais c'est une moyenne – à cent pieds de hauteur.

— N'était-elle pas effrayée ?

— Au début, si. Elle geignait, s'agitait dans son sommeil, redoutait la venue des crises. Elle disait que c'était comme sauter en parachute. Et puis elle s'est habituée. Assez rapidement, quand on y songe. »

Plainte chevrotante : Suzanne appelle son petit-fils. Son programme ayant pris fin, elle aimerait maintenant passer à cette émission médicale sur Canal Vie, avec ce docteur si gentil. Andrew attrape la télécommande. À ses côtés, je toussote ; la vieille femme m'adresse un regard soupçonneux. « Qui est-ce ?

— Mamie, tu sais bien. Le monsieur qui est venu pour nous parler.

— Parler ? De quoi donc ?

— De la Lune.

— C'est un monsieur du gouvernement ? C'est à propos de mon enterrement ?

— Pas vraiment.

— Ah. Parce que tu sais où je veux être enterrée, hein ?

— Oui, mamie. Je le sais.

— Bon. »

Nous retournons dans le jardin. Quelque peu désabusé, Andrew passe en revue les derniers problèmes médicaux de sa grand-mère : incontinence, déshydratation, palpitations, etc. Il y a deux mois, une alerte cardiaque a failli l'emporter. « J'essaie – nous essayons, puisque mes deux frères et ma sœur s'occupent d'elle aussi – de lui assurer une fin de vie paisible et rassurante. Nous faisons en sorte d'éviter la question de l'inhumation, mais elle y revient régulièrement. Elle ne perd pas la mémoire pour tout ! »

Quel regard la vieille femme porte-t-elle sur ses crises, avec le recul ? De quelle façon les analyse-t-elle ? « Elle ne les analyse pas, répond son petit-fils. Elle refuse d'en parler. Elle connaît l'existence des cassettes et, d'une certaine manière, se comporte comme ces écrivains qui répugnent à répondre aux interviews en expliquant que tout est dans leur livre.

— Est-elle au courant de vos rapports avec l'observatoire ?

— Nous n'avons plus de rapports aujourd'hui, mais oui : elle sait que nous avons tout vérifié. Elle ne nous a jamais rien demandé, notez bien. Pour elle, la véracité de l'histoire n'est même pas sujette à caution. »

Je me gratte l'avant-bras. « A-t-elle développé une forme de spiritualité consécutive à ses voyages ?

— Je ne suis pas sûr de comprendre votre question.

— A-t-elle changé ?

— Mon père prétendait que oui. À ses yeux, le cas de ma grand-mère relevait de la psychose hallucinatoire.

— Et à vos yeux à vous ?

— Je n'ai aucune explication satisfaisante à vous offrir. Je peux hasarder des hypothèses, comme tout le monde. Je peux imaginer que ma grand-mère a acquis des connaissances approfondies sur la Lune pendant ses jeunes années – même si je ne vois pas en quelles circonstances –, je peux conjecturer qu'elle les a oubliées ensuite et que ces connaissances ont resurgi sous une forme différente, mais même ce genre de fable n'élucide pas tout. Suzanne a décrit *l'intégralité* des cratères et des mers de la face cachée de la Lune, y compris ceux dont personne n'avait connaissance avant la conquête spatiale. Alors, pour de bon, je ne sais pas. Et je ne pense pas que le mystère sera jamais éclairci. »

La journée touche à sa fin. À ma demande, Andrew insère d'autres cassettes dans le magnétophone. Je reste fasciné par la voix de Suzanne. « Le médecin, lui, parlait d'hallucination consciente, raconte son petit-fils. Les crises s'apparentaient à des rêves mais, au sens strict du terme, il ne s'agissait pas de rêves. Aucun rêve n'est aussi pénétrant, aussi détaillé, aussi rationnellement construit que les voyages de ma grand-mère. Lorsque l'on dort, on a affaire à des flashs, à des morceaux d'histoire que l'on dirait arrangés à la va-vite par un monteur négligent. Ici, c'est un périple complet qui nous est présenté, un périple cohérent, minutieusement documenté. Et il y a plus. Lorsqu'elle se réveillait, ma grand-mère se rappelait tout, sans exception. Elle était capable de dire où elle était allée, de parler des paysages. Elle se trouvait sur la Lune le jour où la seconde mission Apollo a aluni. Apollo 12. Elle a vu les astronautes. Elle dit qu'elle les a reconnus. »

Il lâche la dernière cassette dans la boîte en carton qu'il a posée par terre. « Les souvenirs de ma grand-mère n'ont commencé à s'étioler qu'une fois les derniers rêves terminés. » Il renifle. « D'après ma mère, elle a eu ses règles de nouveau, pendant quelques mois, alors qu'elle était ménopausée depuis des lustres. Des armées de praticiens se sont penchés sur son cas, sans résultat. Parfois, nous devons savoir admettre notre impuissance. »

Mer du Serpent, mer de la Connaissance, mer des Humeurs, mer des Pluies, mer des Îles, mer des Nuées, mer des Écumes, mer des Ondes, océan des Tempêtes… Existe-t-il liste plus poétique au monde, plus propice à la rêverie et aux errances de l'imagination ? Voilà ce qui me traverse l'esprit au sortir de Sainte-Marthe-sur-le-Lac.

J'ai salué Suzanne avant de partir. J'ai serré sa main desséchée dans la mienne et je lui ai souri. Elle a plissé les yeux. « Qui c'est, celui-là ? » Andrew a soupiré. Je lui ai fait signe que ce n'était pas grave. Après tout, et même si c'était à son insu, même si ces cassettes ne la concernaient plus, je venais de voyager avec cette femme. Par-delà les cratères et les océans grisâtres, au milieu des plaines et des déserts de cendre, je m'étais senti Rimbaud, Christophe Colomb ou Petit Prince, émerveillé et seul au monde.

La mission Apollo 12, lancée le 14 novembre 1969, s'achève dix jours plus tard. Charles Conrad et Alan Bean, qui y participent, réalisent deux excursions d'une durée totale de sept heures quarante-cinq minutes. Au cours de leur séjour, ils installent une station scientifique automatisée, mènent à bien des observations géologiques et prennent de nouvelles photographies de la Lune et de sa surface. Ils recueillent également 34,1 kilos d'échantillons de roche lunaire.

Plusieurs mois plus tard, me rappelant l'allusion d'Andrew à cette fameuse mission que Suzanne est censée avoir aperçue, je décide d'essayer de contacter les deux hommes. Déconvenue : Charles Conrad est décédé en 1999. Mais Bean est bien vivant, lui. Il poursuit même une carrière d'artiste.

Ayant retrouvé sa trace à Houston, je lui écris une lettre prudente, dans laquelle je présente le témoignage de Suzanne comme une probable affabulation. « Je ne puis cependant m'empêcher, confié-je au vieil homme, le quatrième homme au monde à avoir foulé le sol lunaire, d'être troublé par certains éléments. J'ai entendu le récit que cette femme a fait de votre mission. Vous allez vraisemblablement me prendre pour un fou, mais sa relation des événements est plus que catégorique. Je sais par exemple que votre première marche a duré deux heures cinquante, et que vous vous êtes arrêté au moins cinq minutes sur le chemin du retour, en état de stupeur. » Suivent une série d'autres détails issus des enregistrements – détails qui, je l'espère, frapperont Alan Bean par leur apparente authenticité – et une formule de politesse d'une humilité piteusement obséquieuse.

De retour du Japon, trois mois plus tard, et alors que cette histoire a déjà été remplacée, supplantée par d'autres, je découvre, dépassant de la pile du courrier, une enveloppe américaine. Sans me presser, je la déchire. Et tout redevient magique.

Cher monsieur,

Vous paraissez l'ignorer, mais j'ai déjà été sollicité à trois reprises au sujet de cette affaire depuis la fin des programmes Apollo et je crains de vous décevoir : je n'ai aucune révélation de valeur à vous communiquer.

Vous aimeriez savoir si, nous autres astronautes, avons été témoins de phénomènes étranges sur la Lune ? La réponse est oui. Quels phénomènes ?

Je suis un vieil homme désormais, gardez cela à l'esprit. Démêler le vrai du faux, l'illusion de la réalité, le désir de sa satisfaction m'est de plus en plus difficile. Ce que je sais est ceci : nous ne savons jamais tout.

Je m'en tiendrai donc, en ce qui concerne le cas Suzanne Laverdière, à une prudente réserve, en vous laissant imaginer de quoi cette réserve nous protège, et je citerai, en matière de conclusion, ces mots de Werner von Braun quand on lui demandait de se prononcer sur l'existence des ovnis : « Je ne peux pas en dire plus pour le moment. »

Bien cordialement,

Alan Bean

Rêve jurassique

Vittorio a neuf ans et il est fils unique. De son balcon, m'explique-t-il fièrement au lendemain de mon arrivée, on peut voir Rome « en entier ».

Vittorio n'est pas du genre à mentir.

Ses grands-parents, M. et Mme Alcanti, sont tous deux instituteurs ; ils vivent avec lui dans une vieille et magnifique villa de trois étages qui fait aussi office d'école, via Santa Sabina, non loin de la piazzale Ostiense.

Préservé des touristes, le quartier est un éden ombragé construit sur une colline à l'écart du tumulte. Derrière les murailles ocre, un rien défraîchies, de vastes demeures somnolent en leurs jardins, rêvant à leur passé légendaire.

Le printemps est la meilleure saison pour visiter la Ville éternelle, et je compte bien en profiter. M. et Mme Alcanti m'ont assuré qu'ils pourraient me loger aussi longtemps qu'il me plairait. Au téléphone, j'ai pris un soin minutieux à leur exposer mon projet et je leur ai parlé des gens que j'avais déjà rencontrés. Ils ne m'ont pas paru étonnés. Les visites liées à Friedrich, ils y sont habitués : paléontologues, journalistes, simples curieux – ils reçoivent régulièrement sur rendez-vous. Il y a trois mois, un spécialiste des sciences occultes est venu planter sa tente dans leur jardin. De manière générale, les problèmes sont rares et les contentieux inexistants. Il faut dire que mes hôtes sont particulièrement accueillants. La seule chose qu'ils demandent à leurs visiteurs – hormis une certaine discrétion vis-à-vis de leurs élèves –, c'est de ne pas prendre de photos. « De toute manière, me glisse M. Alcanti dès le premier soir, vous pouvez oublier l'idée du cliché miracle : Friedrich n'est pas le monstre du Loch Ness. »

Un crépuscule parfumé se déploie sur la cité. Dans une cour voisine, un jardin de citronniers s'étend jusqu'à un promontoire. Rome est là, figée dans les dorures du crépuscule. Je m'attarde un instant pour profiter de la vue, puis dirige mes pas vers la villa et son haut mur concave. La peinture, délicatement écaillée, évoque des splendeurs d'un autre âge.

Près de la grille noire, une sonnette attend mon index. Des pins parasols avancent leurs branches. Temps suspendu : le vent joue avec le soir.

Mme Alcanti vient m'ouvrir. C'est une petite femme aux yeux rieurs et à la poignée de main énergique. Elle me conduit jusqu'au corps principal, partie habitation. À notre gauche s'étend le fameux jardin, où, durant la semaine, une centaine d'écoliers s'ébattent. Un sentier gravillonné s'y égare. Au centre de la pelouse se dresse une fontaine (qui ne donne plus d'eau depuis longtemps, précise Mme Alcanti, pour des raisons de sécurité). Plus loin, arbres et buissons se disputent l'arrière-cour – autant de recoins et de retraites ombreuses.

Ici se cache Friedrich.

Gravissant les marches de la villa, nous gagnons le troisième étage, où le couple a élu domicile. Mme Alcanti m'indique un confortable fauteuil. Sur la table du salon, le petit Vittorio fait ses devoirs. Mon arrivée est accueillie d'un hochement de tête poli. Le maître des lieux, m'informe-t-on, ne va plus tarder. En attendant, et dans un italien approximatif, j'essaie de lier connaissance avec le garçonnet. Vittorio, ai-je cru comprendre, a perdu sa mère très jeune. Son père, qui travaille à l'étranger, n'a guère le loisir de s'occuper de lui. L'année de ses deux ans, il s'est résolu à confier son fils à ses propres parents.

Tout de suite, l'enfant veut savoir si je viens « pour Friedrich ». Mon hésitation est prise pour ce qu'elle est : un timide acquiescement. À mon tour, je lui demande s'il travaille bien à l'école. Pas de réponse. Vittorio, m'apprend sa grand-mère, est premier de sa classe depuis la nuit des temps. Je m'apprête à émettre un commentaire lorsqu'un claquement de porte se fait entendre. L'escalier grince. Des pas lourds se rapprochent. Dans la poche de ma veste, je tripote un petit cadeau que j'ai acheté pour le garçon, et que je compte lui remettre plus tard : une figurine de la collection *Jurassic*

Park. Mme Alcanti m'a confirmé qu'il aimait beaucoup les films.

« Buona sera ! » M. Alcanti s'avance, tout sourire. Des yeux bruns rusés illuminent un visage buriné. L'homme est trapu, débonnaire. Tortillant sa moustache poivrée, il hoche le menton vers son épouse. « Pourquoi est-ce que notre invité n'a rien à boire ? »

Mme Alcanti marmonne une protestation inaudible et trottine vers le buffet. Ces deux-là me sont immédiatement sympathiques.

M. Alcanti est originaire de Naples, où il a rencontré sa femme. De ses ascendances méridionales, il a gardé un goût prononcé pour le limoncello, délicieuse liqueur citronnée dont son épouse me sert d'autorité un premier verre miniature.

Cela fait près de trente ans que les Alcanti ont repris cette école. Par correction, je m'enquiers de la situation de l'enseignement en Italie. De fil en aiguille, le couple m'interroge sur mon cursus, et sur l'avancée de mon livre. Nous passons à la crise, avec les allergies au pollen, à l'état du marché locatif. Vittorio, qui s'était fait oublier, file s'enfermer dans sa chambre. Son grand-père frappe dans ses mains avec satisfaction. « Nous préférons ne pas trop parler de ça devant lui. C'est de l'agitation inutile. » Je manifeste mon assentiment. L'homme poursuit. « Il n'y a pas tant que ça à raconter. » Il claque des doigts en direction de sa femme. Avec une moue de lassitude, celle-ci ouvre un tiroir de la commode et en tire une pochette cartonnée, qu'elle lui remet. M. Alcanti prend le temps de bourrer sa pipe. Puis il me tend des feuilles – des photocopies d'articles trouvés sur Internet. Tous sont consacrés au même sujet : le compsognathus. « C'est mon petit-fils qui a constitué ce dossier, m'explique-t-il. Nous ne l'avons pas attendu pour identifier la bête mais, à présent, nous savons tout ce que nous pouvons savoir. »

Je parcours les articles. Pas grand-chose de neuf ; j'ai omis de prévenir mes hôtes que je m'étais documenté avant de venir.

Haut d'une soixantaine de centimètres pour un poids de 2,5 kilos, le compsognathus vivait au Jurassique supérieur il y a plus de cent cinquante millions d'années. C'était un petit dinosaure carnivore aux pattes postérieures longues et fines. Des spécialistes ont établi qu'il pouvait courir à près de 65 kilomètres à l'heure, ce qui en fait le bipède le plus rapide ayant jamais foulé cette terre. Le compsognathus se servait de ses pattes antérieures, pourvues de deux doigts, pour capturer ses proies – lézards, insectes et menus mammifères.

De sa pipe, M. Alcanti tapote une gravure. « Ce dessin correspond globalement à la description qu'en font les enfants. À part la couleur : eux le disent gris, avec des taches jaunes ou rosâtres. Friedrich est le premier nom qui nous est venu à l'esprit. Le jour où je l'ai vu pour la première fois, j'étais en train de lire un livre sur les voyages de Nietzsche en Italie. C'est aussi bête que ça ! »

Son épouse, qui s'est servi une tasse de thé, place une chaise en biais. Elle n'a pas l'intention de laisser à son mari le soin de s'approprier toute l'histoire.

« Le premier contact remonte à 1983. C'était en automne, peu de temps après la rentrée des classes. Une petite fille est venue me trouver pour me dire qu'elle avait aperçu "un drôle de poulet" dans les buissons. Sur le coup, je n'ai pas prêté attention à ses histoires. Les jours suivants, toutefois, les témoignages se sont multipliés. Jusqu'à ce que je me retrouve face au "poulet" en question. » Elle repose sa tasse, attend l'avis de son époux, qui l'encourage à poursuivre. « Friedrich n'avait rien d'un poulet, vous pensez bien. Les enfants l'avaient baptisé ainsi faute de mieux. Rien ne les arrête, vous savez. Toujours excités, jamais étonnés. Enfin, passons. J'ai vu Friedrich au beau milieu du jardin, ce soir-là. Il courait sur la pelouse et il s'est figé, dans une posture assez comique. Il m'avait vue, il avait vu que je le voyais. La peur devait le paralyser. Je n'en menais pas large non plus. Je distinguais tout : ses griffes, ses dents minuscules, son regard. On aurait dit qu'il me *dévisageait*. Après ce qui m'a paru une éternité, il s'est éloigné en trois bonds et a disparu derrière les futaies. Je suis allée fouiller les buissons, sans conviction. Il a fallu que je me persuade que je n'avais pas rêvé. »

M. Alcanti opine. « Elle n'avait pas rêvé. Personne n'avait rêvé. Une semaine plus tard, j'ai croisé Friedrich à mon tour. Il s'abreuvait à la fontaine. C'était à l'époque où l'eau coulait encore. Dieu sait comment il s'était juché sur la margelle. Le soir tombait, un soir de paix et d'abandon, pareil à celui-ci. Doucement, j'ai battu en retraite jusqu'au perron. J'avais dans l'idée de prendre une photo. Ce qui était stupide étant donné les circonstances. Je n'avais pas sorti mon appareil que l'animal a sauté de son perchoir et qu'il s'est enfui. Difficile de décrire l'état dans lequel je me trouvais : un mélange de jubilation et de terreur, peut-être. Comme je ne voulais pas garder tout ça pour moi, je suis allé parler à ma femme. C'est alors qu'elle m'a avoué qu'elle l'avait vu aussi. Et qu'elle n'avait pas osé me le dire de peur que je la prenne pour une folle. Désormais, nous étions deux cinoques ! » Il s'esclaffe, lève son verre.

Pendant près d'une heure, les époux Alcanti dressent à mon intention un historique aussi complet que possible des apparitions de Friedrich : une ou deux par mois en moyenne, avec un « trou » entre 1989 et 1994. « Nous ne savons pas ce qui s'est passé alors, concède mon hôte. Nous étions sur le point de tirer un trait sur lui. Quand il est revenu, ç'a été une joie sans nom. Mon épouse a longtemps soutenu qu'il ne s'agissait pas de Friedrich, mais de son fils. Elle trouvait que les taches sur le corps n'étaient pas les mêmes. »

L'intéressée approuve vigoureusement. De toute évidence, l'hypothèse la séduit. « Mais il est vrai aussi, reconnaît-elle, que nous n'avons jamais trouvé de coquille d'œuf. Ce qui fait que je ne sais pas trop quoi penser. »

Vittorio surgit en coup de vent pour se servir un verre de lait. « N'oublie pas de fermer la porte du réfrigérateur ! » clame sa grand-mère. Nous attendons qu'il regagne sa chambre pour poursuivre. « Aux yeux de nos élèves, Friedrich fait partie du décor. La plupart l'ont au minimum entraperçu. Son histoire se transmet de génération en génération. Il habite ici, à l'abri des futaies. De temps en temps, il se montre. Pour nous tous, c'est devenu banal. »

Je les considère avec étonnement. « En d'autres termes, vous vous êtes habitués à la présence d'un dinosaure. »

M. Alcanti me ressert un verre puis tire sur sa pipe. « D'abord, il s'agit de l'un des plus petits dinosaures connus, et il ne nous a jamais posé de problèmes. Ensuite… Bien sûr que nous nous sommes habitués. Cela fera bientôt trente ans ! Si vous abritiez un extraterrestre dans votre jardin depuis votre plus tendre enfance, ne croiriez-vous pas en l'existence des extraterrestres ? »

Je sirote ma liqueur, pensif. « Pour être franc, dis-je, j'y crois déjà. » Nous rions de nouveau. Mme Alcanti a rangé le dossier compsognathus et s'active aux fourneaux ; une délicieuse odeur d'aubergine grillée s'échappe de la cuisine ouverte. Vittorio est de retour, vêtu d'un pyjama *Jurassic Park*. Je sors son jouet de ma poche, le dépose près de son assiette. Il scrute mon visage avec incrédulité. « C'est un ceratosaurus, dis-je. Je ne suis pas sûr qu'il apparaisse dans l'un des films. »

Vittorio prend place, me remercie du bout des lèvres. « Si, murmure-t-il en triturant sa figurine : dans le troisième. »

D'un regard, j'interroge son grand-père. Puis-je poser des questions à son petit-fils ? Mon hôte lève sa pipe en signe d'accord. J'ai dû marquer des points.

« Super, Vittorio. Alors, aurais-tu quelque chose à raconter sur Friedrich ? »

Le garçon relève la tête. Il feint l'indifférence. « Quelque chose que mes grands-parents ne vous auraient pas déjà expliqué ? Non. Parfois, les petits le voient et lui courent après. Mais il est dix fois trop rapide. Au bout d'un moment, on se lasse. »

Je reste dubitatif. Comment l'existence d'un tel spécimen a-t-elle pu rester circonscrite à ce petit quartier de Rome ? Les parents d'élèves doivent tout de même bien être au courant ! Mme Alcanti dépose entre nous un plat d'aubergines farcies. « Les enfants parlent, répond-elle, mais les parents ne les croient pas, ou choisissent de ne pas les croire. Certains viennent nous trouver, nous poser des questions. Nous ne tentons pas de nier. Nous omettons juste de révéler que nous voyons Friedrich également. En près de trente ans, une dizaine d'autres adultes ont été témoins de son passage. Le jardinier, un couple d'amis, un inspecteur, et quelques pères zélés. Nous adaptons notre réaction au cas par cas. Nous avons convaincu l'inspecteur qu'il avait été victime d'une hallucination due à la chaleur. "C'est un symptôme plus fréquent qu'on ne le croit, cher monsieur. J'ai lu un article dans une revue médicale, chez ma belle-sœur." Ce genre de parade. » Elle pouffe, attrape nos assiettes.

« Des parents se sont montrés très curieux, poursuit son mari. L'un d'eux a même créé un site Internet avec sa fille. Chacun est libre. Nous ne tenons pas à attirer l'attention sur notre établissement plus que de raison : nous aspirons au calme, vous l'avez compris. Mais si des gens veulent croire que ce dinosaure existe, pourquoi les en dissuader ? »

Je lève mon verre à la santé de Friedrich. Perdu dans ses pensées, Vittorio nous écoute à peine.

Plus tard, il part se coucher, et la conversation reprend. Cette interdiction de photographier – que craignent les Alcanti ? « Il ne s'agit pas de nous, répond le mari en tamponnant sa bouche de sa serviette en boule. *A priori*, Friedrich est bien trop rapide et nerveux pour se laisser piéger par l'objectif d'un appareil. Mais justement : j'ai essayé de le prendre à deux reprises après sa réapparition, et je me suis rendu compte que cela lui fichait une peur bleue. Ce sont les seules fois où je l'ai entendu crier : un hurlement aigu, très bref. Après ça, j'ai abandonné l'idée. »

Les Alcanti me présentent ma chambre : elle donne sur le jardin. Cette nuit-là, je reste longuement au balcon dans l'espoir d'apercevoir notre improbable visiteur. La pénombre est profonde, hélas. Je finis par refermer la fenêtre.

Au milieu de la nuit, un cri perçant me réveille : exactement celui que m'a décrit M. Alcanti. Englué de sommeil, je me précipite. Ai-je noté un froissement, là-bas, au pied du mur ? Impossible d'en être sûr.

Le lendemain, au petit déjeuner, Vittorio s'attarde à table, et nous sommes seuls lui et moi. C'est samedi, l'école est fermée. Posé à côté du bol de céréales, le ceratosaurus en plastique semble attendre la suite des événements. Je le désigne d'une pichenette. « Il te plaît ? »

Le jeune garçon approuve. « Vous l'avez entendu ? »

Je plisse le front. « Quoi donc ?

— Friedrich.

— J'ai entendu quelque chose mais…

— Quelle heure était-il ?

— Trois heures et demie. Quarante.

— C'était lui, certifie-t-il. Je l'ai entendu aussi. »

Vittorio termine ses céréales. Nous parlons dinosaures, *Jurassic Park I*, *Jurassic Park II*, *Jurassic Park III*. Il évoque sa collection de figurines : des centaines de spécimens, la plupart achetées par correspondance par son père. « Vous voulez les voir ? » Je saute sur l'occasion. « Volontiers ! »

La chambre du garçon est un sanctuaire. Alignée sur trois étagères en bois verni, une armée de sauriens en plastique me contemple : quatre cents soldats tout en griffes, becs, ailes et cuirasses.

Je pose des questions, exige des détails – suggère, pour certains sujets, de subtils changements de position. La discussion s'anime ; avec de grands gestes, Vittorio recrée pour moi les joutes carnassières du Jurassique et du Crétacé. Ses connaissances sont impressionnantes pour un enfant de son âge. Je le félicite, quémande d'autres éclaircissements. Mon ignorance le séduit. Mon insatiable curiosité.

Je m'assieds sur son lit. Il me parle de ses camarades d'école. De son père, trop souvent absent, mais à qui il voue un culte exclusif.

Je lui demande ce qu'il veut faire plus tard. Il ne sait pas encore. Pour finir, nous nous postons à la fenêtre. C'est à ce moment que nous parlons de Rome. Et que le temps se suspend.

« Mes grands-parents ne savent pas grand-chose. » Je le considère, intrigué. Il renifle, referme la fenêtre. Son visage se teinte d'une gravité soudaine. « Il n'y a pas qu'un compsognathus. Il y en a cinq ou six. Une famille.

— Qu'est-ce qui te permet de l'affirmer ? »

Installé à son bureau, il sort des feuilles de sous son sous-main et me les tend. Ce sont des croquis de dinosaures. On dirait l'œuvre d'un adulte. « Je les ai dessinés de mémoire, répond le jeune garçon. Il y a des différences de taille et de forme. Pour les deux derniers, je ne suis pas sûr. C'est peut-être le même.

— Une famille, hein ?

— Les parents, et trois enfants. Ou quatre.

— Et tu es le seul à le savoir ?

— Nan. Nous sommes cinq. C'est un secret. Vous écrivez un livre ? »

Je croise les bras. « Tu es bien renseigné. » Ma franchise le rassure. « Le mois dernier, poursuit-il, j'ai trouvé un œuf. Dans un trou.

— Un œuf de quoi ? »

Il soupire, consterné. « Tous les gamins de neuf ans ne sont pas idiots. Je sais reconnaître un œuf de dinosaure quand j'en vois un.

— D'accord. Excuse-moi. »

Il fait la moue. Il ne m'en veut pas. D'ailleurs, ajoute-t-il, s'il ne pensait pas que j'étais un type réglo, il ne me raconterait certainement pas tout ça. Même si les risques sont limités.

Je cligne des yeux. « Comment cela ?

— Eh bien, si je vous dis que les compsognathus répondent aux sifflements et réagissent aux signes de la main, vous pouvez choisir de me croire ou pas. Mais si vous le répétez à quelqu'un, tout le monde vous prendra pour un fou. Et si on me demande, je nierai vous avoir parlé. »

Je souris. « Ça me convient, dis-je. Je vais relater l'histoire de Friedrich et personne ne me croira. J'ai l'habitude, tu sais. Ce cri que nous avons entendu cette nuit… Ce sera notre souvenir à tous deux : la preuve ultime et clandestine. »

Le jeune garçon acquiesce. « Vous allez changer les noms, dans votre livre ?

— C'est à voir.

— À la réflexion, je préférerais. »

Le soir même, je prends congé. Longue promenade à l'appui, M. Alcanti m'a entretenu des splendeurs architecturales locales et, aussi étonnant cela puisse-t-il paraître, l'histoire de Friedrich m'est presque sortie de l'esprit.

J'en tire une leçon. L'incroyable n'est incroyable que si d'autres personnes autour de vous n'y croient pas. Autrement dit : le meilleur moyen de cacher l'existence de Friedrich est de n'en faire aucun mystère.

Je suis prêt à partir. Vittorio est maussade. Il m'entraîne à l'écart, lampe de poche en main. Nous écartons des broussailles. « Vous voyez ça ? » Il me montre des traces encore fraîches. En effet, elles ne ressemblent à rien de connu. Je serre le poignet de mon nouvel ami. « Je t'enverrai mon livre, d'accord ? »

Il hoche la tête. Je ne sais pas si je pourrai tenir cette promesse ou si quelqu'un devra la tenir pour moi.

Vittorio se redresse. « Vous savez, les dinosaures n'étaient pas très heureux, dans l'ancien temps. Ils devaient se battre pour survivre, pour ne pas se faire manger. Nos compsognathus sont tranquilles. Ils veulent juste que ça continue.

— Rien d'autre que ça ?

— Rien d'autre que ça. Ils sont là, ils aiment Rome, ils aiment l'herbe au crépuscule. Ce qu'ils désirent, pour l'avenir, c'est faire d'autres petits et les élever en sécurité. Notre secret est aussi le leur. Aujourd'hui, ils sont avec nous. Un jour, s'ils y sont forcés, ils partiront. J'aimerais que ce jour soit le plus lointain possible. »

Enchantement sur dossier

Située à la pointe sud du Japon, à l'extrémité de la longue traîne formée par l'archipel des Ryukyu, Yakushima, surnommée « les Alpes de l'océan », est une île de cinq cents kilomètres carrés entourée par le Pacifique et la mer de Chine orientale. Les quelques villages disséminés sur les côtes totalisent moins de quinze mille habitants. Formée à 90 % de montagnes, culminant à près de deux mille mètres, cette merveille isolée est presque entièrement recouverte de forêts humides, sur lesquelles flottent, trois cent soixante-cinq jours par an, des chapelets de nuages. La destination est très prisée par les touristes. Au cœur de cet univers baroque de mousses, de lichens, de fougères et d'arbres plurimillénaires s'ébattent en effet singes et cerfs majestueux, ainsi qu'une multitude d'espèces d'oiseaux et de reptiles, tortues vertes notamment, qui viennent pondre chaque année sur les rivages sablonneux situés à l'ouest de l'île. C'est ici, prétendent les habitants, que le célèbre réalisateur Hayao Miyazaki est venu puiser l'inspiration de son *Princesse Mononoké*.

J'accoste un matin à travers une bruine épaisse. Pouvais-je m'attendre à autre chose ? Il tombe ici cinq mètres d'eau par an, m'explique mon voisin de traversée, un zoologue à la retraite, et parfois près du double dans le centre montagneux.

Perdue dans les brumes, l'imposante silhouette du Miyanoura-dake, point culminant de l'île, nous toise avec mansuétude. Le voyage en bateau m'a épuisé mais je n'ai guère le temps de m'apitoyer sur mon sort : mon guide m'attend, pressé de voir le bateau repartir.

Nous voici en route vers la montagne. Solitude et grandeur. Entre les rochers, des souches torturées ponctuent notre ascension. Bientôt se dressent les premiers tsugis, conifères emblématiques de l'île, soumis au joug impitoyable des éléments. Mes chaussures ont pris l'eau. Sans cesse, je rajuste les lanières de mon sac. La pluie devient étouffante. Çà et là, au-dessus des fougères, des vapeurs se délitent. Nous longeons un ruisseau d'eau laiteuse sinuant parmi d'énormes pierres plates. Un soleil fugace découpe des silhouettes écorchées, mystérieuses. Sans un mot, mon guide se faufile entre les souches. Sur le bas-côté, un figuier banian monumental enserre de ses racines étirées un amas de roches glissantes. Des macaques y ont élu domicile. Moqueurs, ils se balancent dans les hauteurs.

Midi venu, assis sur de grandes pierres nous déjeunons de poisson cru et de thé brûlant. Notre chemin serpente à travers une zone emmaillotée de mousses et de lichens. Je contemple les arbres, leurs élancements noueux, les contorsions de leurs ramures. Se lèveraientils, se mettraient-ils à parler que je n'en serais pas *particulièrement* étonné. Mon guide se déride. Dans un anglais de cuisine, il m'explique qu'il connaît la famille Murakami depuis plus de trois ans. « Le père travaillait pour une compagnie d'assurances locale. Il s'était installé sur l'île avec sa femme et ses deux filles, il y a une dizaine d'années. À la suite d'une sombre histoire de malversation financière, dans laquelle il n'était nullement impliqué, la compagnie a fait faillite. Retrouver un travail s'annonçait ardu. Murakami Yoshida a revendu sa maison de Yudomari sur la côte. Tout le monde ici a cru qu'il allait rentrer à Kyoto, sa patrie d'origine. Au lieu de quoi, il s'est enfoncé dans la forêt, avec les siens, direction le parc du mont Kurio. »

Mon guide porte une gourde à ses lèvres, avale une gorgée, s'essuie la bouche d'un revers de main. Son regard se perd dans les sous-bois. Le moment est venu de s'enquérir de ce fameux domaine, me dis-je tandis qu'il range ses affaires.

Le parc du mont Kurio est connu dans la région comme un remarquable symptôme de mégalomanie financière galopante. Il y a une quinzaine d'années, Takafumi Imanishi, riche industriel tokyoïte ayant fait fortune dans l'industrie informatique, s'est mis en tête de faire construire un complexe d'attractions au cœur de la forêt : il était tombé amoureux de l'île suite à son voyage de noces. « Tout le monde ici s'est employé à le décourager, se souvient mon guide. Les officiels, les écologistes, la population locale. Mais Imanishi était buté, et il avait les banques avec lui. La construction du parc devait respecter l'environnement, selon lui. Et il n'était pas censé être gigantesque : une grande roue, trois montagnes russes au-dessus des arbres, un toboggan géant, cinq ou six manèges pour les plus petits, une tour d'observation, une boutique de souvenirs et un restaurant. Les travaux ont été lancés plus tard que prévu. Ils se sont très mal passés. Il y a eu un glissement de terrain : trois morts, des ouvriers locaux. Une banque s'est désengagée. L'entreprise d'Imanishi, par ailleurs, connaissait des difficultés. Une pause a été décrétée – congé sans solde. Quand les ouvriers sont revenus, deux ans plus tard, la végétation avait repris ses droits. Après quoi Imanishi a eu une attaque. À croire que les esprits de la forêt s'étaient donné le mot ! Le résultat, c'est que les travaux sont restés en plan.

— Vous voulez dire que le parc n'a jamais été ouvert au public ? »

Mon guide reprend son sac. « On en était assez loin. La route n'était pas terminée. Les arbres sont revenus. Les arbres poussent très vite ici, sans parler du reste. Imanishi est mort il y a dix-huit mois sans avoir eu le loisir de remettre le pied sur notre île. Vous venez ? »

Nous atteignons le parc Kurio en fin d'après-midi. Une pancarte nous accueille, mangée par la rouille.

Mon guide siffle dans ses doigts, et nous nous arrêtons. Au-dessus des cimes, la courbe métallique d'un grand huit perce la grisaille. Un rapace tournoie en poussant des cris. Qu'a-t-il vu ?

« Salut. » Vêtue d'un blouson de ski ouvert sur un tee-shirt Greenpeace, une jeune fille s'avance sur le sentier. C'est Etsuko, la fille aînée de Yoshida, avec laquelle j'ai été en contact.

Etsuko, m'a confirmé mon guide, est la seule de la famille à se rendre en ville. Dans la poche de son blouson, elle range le portable sur lequel elle vient de prévenir son père. « Eh oui, il y a des antennes et un réseau, confirme-t-elle en anglais, notant ma surprise. Nous n'avons pas complètement renoncé à la modernité. »

Nous nous remettons en route. Etsuko assure les commentaires. Elle avait dix-sept ans quand elle a découvert cet endroit avec ses parents et sa sœur Nanami. « Et le moins que l'on puisse dire, c'est que je ne suis pas tombée raide amoureuse. » Aujourd'hui, elle ne se verrait vivre ailleurs pour rien au monde.

Les Murakami habitent un camping-car au pied de la grande roue. Le magasin de souvenirs a également été investi : il fait office d'atelier et d'entrepôt. Le restaurant, jamais achevé, sert quant à lui de quartier général à une tribu de macaques.

La famille tire en partie ses revenus d'articles envoyés par Etsuko et son père à des revues sur la nature et l'écologie, ainsi que de donations diverses. « De nombreux touristes viennent nous rendre visite, explique Etsuko en s'arrêtant devant le camping-car. Nous ne figurons pas dans les guides, mais les gens nous connaissent et apprécient ce que nous faisons. Nous sommes les gardiens du musée. Le principe de base, c'est que les visiteurs donnent ce qu'ils veulent. »

Savamment économisé et investi, l'argent gagné avec la vente de la maison est par ailleurs loin d'être épuisé.

Nous retrouvons Yoshida et sa fille Nanami au pied du premier grand huit, occupés à réparer un pylône. Depuis son arrivée, la famille Murakami s'évertue à mettre le parc d'attractions en état de marche. Yoshida travaillait dans le cabinet d'architecture de son père avant de venir sur l'île ; il possède quelques notions d'ingénierie. Le reste, les Murakami l'ont appris sur le tas. « Nous avons acheté des tas de livres, confirme Nanami, dix-sept ans, qui suit par ailleurs des études par correspondance. Des spécialistes viennent nous proposer leur aide. Kurio est à la fois un lieu d'amusement et d'expérimentations. »

Coiffé d'une casquette NY Yankees, Yoshida nous serre la main avec chaleur. C'est un homme vif et joyeux, aux yeux brillants de passion. Ce parc, pour lui, est un rêve devenu réalité : « Ce que je faisais à Kyoto ne m'intéressait pas. Ce que je faisais ici non plus. Mais je voulais habiter sur cette île et, à l'époque, travailler dans les assurances me paraissait le moyen le plus simple de parvenir à mes fins. Je ne regrette rien : j'ai pu acheter une maison, et la revendre avec des bénéfices conséquents. Tout ce que nous faisons dans notre vie possède un sens ; parfois, il ne se dévoile qu'*a posteriori*. »

Le soir est tombé. Serrés dans leur camping-car, nous dînons avec les Murakami. L'ambiance est bon enfant. Mme Murakami se révèle excellente cuisinière. « Un ami nous apporte du poisson frais une fois par semaine, explique-t-elle. Nous pêchons aussi à la rivière. Nous avons installé un grand congélateur dans l'atelier. Nous possédons quelques poules, trois cochons et trois vaches – il y a des enclos près du second grand huit. Ah, et nous cultivons aussi un potager, derrière le manège des éléphants. Et je peux vous dire qu'obtenir quoi que ce soit de comestible avec ce climat n'a rien d'évident. »

Après le dîner, Mme Murakami nous conduit à l'atelier où ont été installés nos lits de camp. En l'absence de chauffage, nous devrons nous contenter de couvertures épaisses. Égarée sur le seuil, une poule picore la terre battue. Notre présence ne semble pas beaucoup la perturber.

Les étagères datent de l'époque où cet endroit espérait encore devenir un magasin véritable. Quelques posters de ce qui devait être le « vrai » parc Kurio prennent la poussière contre le congélateur. J'en déroule un à la lumière d'une ampoule. C'est un photomontage grossier – grand huit rutilant sous ciel immaculé. Décidément, Takafumi Imanishi était un incorrigible rêveur.

Enroulé dans ses couvertures, mon guide s'est déjà endormi. Posée à même le sol, une lampe à huile orchestre un théâtre d'ombres tremblantes. Où est passée la poule ? Debout sur le pas de la porte, je hume les ténèbres. Au-dessus de la forêt, une chouette ulule. Remue-ménage dans les sous-bois. Et ce croissant de lune, découpé à même le ciel ! Je commence à comprendre pourquoi les Murakami ont choisi de vivre ici.

Le lendemain matin, dès sept heures, un grondement me réveille. Je me lève tout habillé. Mme Murakami, qui guettait un signe de vie, nous apporte deux tasses de thé que nous dégustons, légèrement hagards. Notre guide désigne les cimes, l'ellipse du grand huit. « Comment se passent les essais ? lui demande-t-il.

— Bien, je crois. »

Murakami Yoshida s'est fixé comme objectif de remettre toutes les attractions en état d'ici deux ans. De fait, la grande roue fonctionne déjà un week-end sur deux, ainsi que les manèges pour enfants. Les montagnes russes posent plus de problèmes. Si le premier grand huit est quasi en état de fonctionner, le second réclame beaucoup plus de travail. « Mon mari en fait une affaire d'honneur », nous assure Mme Murakami en nous accompagnant sur le terrain.

Le premier grand huit est un modèle hybride à places assises, doté d'une structure en métal et d'une voie en bois. Sa capacité théorique est de 1 400 passagers par heure. Il accueille deux trains de quatre wagons chacun. « Ce type de manège intermédiaire, nous explique Mme Murakami, se prête plus facilement à l'entretien et à la maintenance, tout en préservant l'essentiel des sensations éprouvées sur les montagnes russes en bois. Le circuit est long de 1 500 mètres, avec une hauteur maximale de 48 mètres et un angle vertical maximal de 60°, pour une chute de 44 mètres. » Notre hôtesse récite ces données de mémoire. Lorsque je lui en fais la remarque, elle se contente de sourire : « Le fait est que les manèges occupent une bonne partie de nos discussions. »

Le second modèle, celui sur lequel Yoshida travaille en ce moment, est plus court mais plus nerveux, et nettement plus spectaculaire. Il s'agit d'un prototype inversé : les rails se trouvent au-dessus du véhicule et les passagers ont les pieds dans le vide. Le parcours débute par une montée de 33 mètres suivie d'une chute de 24 mètres. Vitesse maximale ? 80 km/h, après quoi le train suspendu exécute une série de cinq revirements. À l'origine, nous raconte Yoshida, l'attraction avait été bâtie en partie sous la cime des arbres : des larges tranchées avaient été creusées pour laisser passer les rails. À présent que la végétation a reconquis son territoire, il faut débroussailler et couper les branches hostiles.

Du sommet du pylône le plus élevé, auquel nous accédons par une échelle à degrés, le tracé est spectaculaire. Au-delà d'un océan de gris sombre, le paysage disparaît dans les vapeurs matinales. Plus loin, les contours d'une montagne mangée de nuages dessinent une masse noire et hostile.

Venue prêter main-forte à son père, Nanami nous assène quelques explications techniques auxquelles je n'entends pas grand-chose. Sa mère prend des notes. Perché sur le pylône duquel nous sommes redescendus, Yoshida lui adresse un signe codé. « Il a besoin d'une clé de seize ! » indique Mme Murakami à sa fille, laquelle s'éclipse derechef.

Plus loin, des wagons rutilants laissés à l'arrêt attendent sous leurs bâches. Chargée de leur entretien, Etsuko nous laisse admirer le revêtement cuir des fauteuils et m'invite à prendre place. Je frappe dans mes mains. « Youpi. Combien pour un ticket ? »

La jeune fille s'éloigne. L'aurais-je vexée ? Atterré, mon guide s'en va lui parler un instant ; elle paraît se radoucir. Actionnant le zip de son blouson de ski, Etsuko revient vers moi. « Combien, demandez-vous ? Mon père a estimé le coût total de ce grand huit à un milliard et demi de yens : il nous faudrait des dizaines de milliers de visiteurs pour espérer rentrer dans nos frais. Vous devriez savoir que nous ne sommes pas ici pour faire du commerce.

— Désolé. Je pensais que pour financer les travaux... »

Elle fait non de la tête.

Nous rejoignons le camping-car. Déjà, Mme Murakami s'affaire à la préparation de notre déjeuner. Etsuko entre et ressort, une pochette à la main. Elle me tend une feuille. C'est un questionnaire, rédigé en anglais.

Combien devraient faire 2 + 2 selon vous ?
Qu'attendez-vous de la vie ?
Que pourrait vous dire Dieu pour prouver qu'il existe ?
Avez-vous déjà rêvé d'être un arbre ?

Je me gratte l'oreille. « Qu'est-ce que c'est ? »

Etsuko montre le grand huit. « Descendre ces pentes au milieu des brumes, à la nuit tombée, est une expérience que l'on ne peut vivre nulle part ailleurs en ce monde. On n'y voit pas à trois mètres. Tout est vert, tout respire la vie, la tiédeur et le songe. Les singes applaudissent l'empereur. On traverse la forêt comme une flèche. Les kamis sont là, dans les ramures. Leurs zozotements, leurs cliquetis. Nous n'avons pas les moyens de faire fonctionner ce parc, vous vous en doutez bien. Tout juste pouvons-nous le remettre d'aplomb et organiser un départ de wagons trois ou quatre fois par jour. En conséquence, nous ne laissons monter que les gens que nous en jugeons dignes.

— Est-ce à cela que sert le questionnaire ? Établir une sélection ? » La jeune femme opine. « On peut être dispensé de répondre. Il suffit de prouver que l'on est atteint d'une maladie grave, ou que l'on vient de subir un deuil. Réciter un poème marche aussi. Improvisé ou non, l'essentiel est qu'il soit bon. Voilà pour les invités gratuits. Nous leur remettons une carte, valable à vie. Les autres, les visiteurs normaux, nous avons besoin de savoir qui ils sont. Ce parc est notre enfant, en un sens. Nous ne pouvons pas en confier la garde à n'importe qui.

— Et les gens comprennent ça ?

— Officiellement, les grandes attractions ne fonctionnent pas. Nous laissons les visiteurs s'amuser avec les manèges pour enfants, ce qui est une façon de les remercier d'être venus jusqu'à nous. Puis nous attendons leur départ. Les autres, ceux qui ont rempli le questionnaire avec talent, nous faisons en sorte qu'ils restent. Ils sont logés comme vous, gratuitement. Le soir même, et le lendemain à l'aube, le parc est à eux. Bien sûr, nous avons nos périodes creuses, comme en ce moment. Personne d'intéressant, alors : rien que des touristes lambda. Nous faisons notre possible pour les décourager. »

Ce soir-là, à la lumière de la lampe à huile, je remplis le questionnaire à mon tour. À la question : quel est votre souhait le plus cher, je réponds « voler » d'instinct. On me demande d'écrire une phrase, une seule, sur mon premier amour. « Mon premier amour respire mieux dans la paix de mon absence. »

Si je n'étais pas un homme ? Je serais le vent. J'hésite une seconde, chiffonne ma feuille, la jette au loin, m'endors. Cette nuit-là est remplie de vertiges. La mort est un souffle, une plongée, un temps manqué par le temps. Je me redresse en sursaut. Trois heures à ma montre. À la frontière de l'éveil et du rêve, je croyais entendre des passagers hurler. Mais c'étaient seulement les singes.

J'essaie de me rendormir. Peine perdue. Le matin venu, je retrouve Etsuko et son père devant leur camping-car. Je repense à mon clown triste, le Dr Platatypus. Décidément, il y aurait quelque chose à écrire sur les maisons roulantes.

Midi trente. Entre les mains de Yoshida, mon questionnaire défroissé repose. Il me le rend avec une expression amusée. Comment l'a-t-il trouvé ? Le vent, peut-être : je me souviens avoir laissé la porte de l'atelier ouverte, cette nuit, après une promenade dans les sous-bois. « Rassurez-vous, déclare-t-il en me rendant ma feuille, vous êtes dispensé de cette formalité. Nous accueillons les gens libres : les fous, les angoissés, les poètes. De l'avis général, vous êtes un peu des trois. Ce ne sont pas quelques torsions qui vont vous faire rentrer dans le rang. »

Nous partons dans le vent et la pluie. Accélération 3 G, me prévient Yoshida, 90 kilomètres/heure en pointe.

Les wagons m'attendent. Cloué à la grille, un écriteau vacille : « Les personnes trop sensibles sont invitées à ne pas monter à bord. »

« Embarquement immédiat ! » tonne Yoshida, m'offrant l'ensemble des banquettes d'un geste.

Je me glisse dans le wagon de tête. Ce que j'attends de la vie ? Il serait temps de me poser la question, me dis-je en bouclant ma ceinture. Mais avant ça, monter, descendre, vociférer parmi les esprits.

Chacun son truc

L'histoire qui suit se présente sous forme strictement épistolaire. Elle a été réarrangée par mes soins pour les besoins de l'ouvrage et possède à mes yeux une saveur particulière : c'est durant sa découverte, en effet, que ma propre maladie a été diagnostiquée.

Je n'ai pas eu le plaisir de rencontrer directement les protagonistes – la faute, en grande partie, à des emplois du temps trop chargés – mais j'ai correspondu avec chacun en prenant bien soin de ne pas avertir l'autre. Sirius Bianchi et Martin Bianchi-Duval, dont les destins sont intimement liés, ne se connaissent pas et ne se connaîtront jamais. Ils ne semblent pas y tenir. J'étais, jusqu'à aujourd'hui, l'unique dépositaire de leur secret commun.

Lettre de Sirius

Un carcinome du poumon à petites cellules stade IV, vous savez ce que c'est ? Demandez à un médecin.

Observez bien son regard quand il vous répondra. Il n'existe qu'un synonyme connu à cette horreur, et ce synonyme est « mort ».

Le directeur de la clinique, mon médecin traitant, le radiologue : ils étaient tous les trois assis autour de la table, comme au bord d'une arène. Je leur ai demandé si c'était opérable, et ils ont secoué la tête. Je leur ai demandé combien de temps il me restait, et ils m'ont conseillé de garder mon calme. J'ai tapé du poing sur la table. J'exigeais une réponse, aussi lapidaire soit-elle. « On ne peut jamais être sûr, a murmuré le directeur de la clinique. Six mois seraient déjà une belle performance. »

J'habitais à Genève. J'étais seul et sans enfant. Six mois ! Sentant le vent tourner, ma petite amie m'avait quitté lors du précédent hiver. Plus rien ne me retenait en Suisse. Le lendemain, j'ai mis mon appartement en vente, j'ai transféré mes plans d'épargne sur mon compte courant et j'ai mis le cap sur une agence de voyages.

C'était étrange. Je ne me sentais pas spécialement mal. Certes, j'avais perdu quelques kilos mais je ne toussais même pas, et ma respiration me paraissait sereine.

J'ai levé les yeux au ciel. La ligne des montagnes, tracée au fusain. Quelqu'un avait balayé les nuages. Le jet d'eau du Léman éveillait en moi des idées de miracle impossible. Les touristes, extasiés, me bousculaient sans me voir. À chaque minute, à chaque seconde, je me répétais que j'allais mourir.

Les cliniciens m'avaient proposé une chimiothérapie « de confort ». Je leur avais ri au nez. Confort, dans leur petit langage spécial, signifiait vomissements, perte de cheveux, amaigrissement chronique et fatigue de chien. Tout ça pour quoi ? « Vous pourriez gagner quelques semaines, m'avait glissé mon médecin traitant avant de me tapoter l'épaule. Songez-y. Il faut vous battre. » En ce qui me concernait, c'était tout réfléchi.

Mon fauteuil menaçait de m'engloutir lorsque mon numéro a été appelé. Je me suis levé, monté sur ressort. Une jeune femme brune au teint hâlé attendait derrière son comptoir. « Je voudrais partir dans le plus bel endroit du monde, ai-je déclaré sans ambages. Loin, de préférence. Et sachez que l'argent n'est pas un problème. »

Elle m'a dévisagé d'un air concentré, puis elle s'est penchée en avant. « Costa Rica, a-t-elle soufflé. » Je me suis penché moi aussi. « Costa quoi ? » Nos visages se touchaient presque. « Costa Rica, a-t-elle insisté. Plages de rêve, sommets de vertige, jungle inextricable, steppes lunaires, deux océans et la mangrove, le tout sur à peine plus de cinquante et un mille kilomètres carrés. Vous aimez les volcans ? Il y en a sept en activité. Douze mille espèces de plantes, huit cent cinquante espèces d'oiseaux, plus de papillons que dans tous les États-Unis et le Canada réunis, sans parler des singes, tortues, crocodiles, félins, reptiles et amphibiens, des cent soixante sortes de mammifères et des innombrables poissons d'eau douce et d'eau de mer. »

Je lui ai demandé si elle était costaricaine. La réponse était oui. Je lui ai demandé si elle accepterait de partir avec moi. La réponse était non. Je suis parti quand même.

Inutile de dire que j'ai traversé le pays de fond en comble. Mon projet initial était de mourir en terre costaricaine. J'espérais vaguement trébucher dans un cratère en éruption, me faire dévorer par un caïman, mordre par un serpent corail. Tout plutôt que de m'abandonner au destin.

Les premiers jours, je suis resté cloîtré dans un hôtel cinq étoiles de San José afin de réfléchir au circuit le plus dangereux possible. La vérité, c'est qu'il n'y avait rien à préparer. Le pays tout entier était un piège. J'étais suffisamment riche pour risquer ma vie à chaque pas.

J'étais arrivé en pleine saison des pluies.

Sans plus attendre, je suis parti pour la cordillère centrale et la région des volcans. J'ai gravi les pentes les plus ardues. J'ai tendu des hamacs dans la jungle. J'ai installé un campement près d'une fourmilière géante. Pour un cancéreux en phase terminale, je me trouvais en bonne forme.

Un beau jour, j'ai rencontré un fabricant d'ULM passablement exalté, et nous avons survolé ensemble le lac acide du volcan Poás. Le moteur faisait des bruits délicieux, qui indiquaient que nous nous écraserions bientôt. Mais bientôt ne signifie pas « tout de suite ». Une désillusion de plus.

Sur le rio Pacuare, je me suis adonné au rafting. Un homme s'est noyé, mais ce n'était pas moi. J'ai payé pour les funérailles. Je me sentais idiot.

J'ai visité des ruines précolombiennes fréquentées par des grenouilles venimeuses et j'ai pris place à bord d'une nacelle d'observation brinquebalante. Je me suis baigné dans une cascade ornée d'une pancarte « tête de mort » et j'ai participé à un programme aventures/canopée avec le seul harnais défectueux du lot. Une nuit, je me suis réveillé avec une tarentule à pattes orange sur le bras. J'ai souri. J'espérais que l'animal perdrait son calme. Mais c'était une tarentule très sage.

Le danger est comme l'amour : quand on le cherche trop, il s'amuse à se cacher. J'ai à peu près tout essayé. Je me suis fait enfermer en short dans un parc à félins. J'ai nagé la brasse de nuit dans une mer à requins. J'ai courtisé la femme d'un baron de la drogue.

Rien.

Et le cancer ne se montrait pas. Avais-je maigri ? Sans aucun doute. Mais je courais pieds nus dans la jungle. Mais je nageais avec les baleines à bosse. Mais je me baignais sous des tonnerres glacés.

Ma vie devenait un paysage. Un film en Technicolor. Toucans, ocelots, papillons géants : le paradis avant l'heure.

J'arpentais des plages sans fin. Je m'endormais sous des bananeraies tachées de soleil. Je jouais aux cartes avec des paresseux. Je faisais la sieste sur des ponts suspendus, le ventre lourd de pâte cacaotée engloutie par bols entiers.

Les gens ? Merveilleux. Les iguanes ? Endormis. Les crépuscules ? À pleurer. Je pleurais souvent, maintenant que j'y pense. Je ne savais pas exactement pourquoi. Parfois, la beauté vous pèse un peu trop. Elle vous creuse le cœur.

Des enfants riaient dans les jardins baignés de chaleur. Je lisais sur des plages, plus seul que le plus seul des hommes. Les cris nerveux des aras emplissaient la nuit naissante. J'écrivais des poèmes. Des choses du genre :

La mort, je n'y crois plus vraiment.
On en a vu serrer les poings,
Certains ont mordu la poussière,
Certains ont inventé des dieux
Sur des autels de colère.
Certains ont inventé l'amour
Mais tous ces amis oubliés,
Tous ces gens tombés à la guerre,
Personne n'est là pour les pleurer.

… que je traçais au feutre sur de grandes feuilles de papier recyclé, avant de les glisser dans des bouteilles de rhum vide et de m'endormir sous les caresses maternelles du vent. J'étais pathétique. J'étais sentimental. J'étais absurdement heureux.

De temps à autre, je vérifiais ma montre, restée bloquée sur l'heure suisse. Le vieux monde vivait dans une pénombre continuelle. Le cancer n'était pas au rendez-vous. Les tortues vertes, si.

J'avais élu domicile au sommet d'un hôtel du parc national de Tortuguero dans l'espoir de fomenter quelques nouveaux plans de suicide involontaire. Le barman était mon ami : je lui avais tout raconté, et il me confectionnait gracieusement de somptueux cocktails de fruits frais dans l'espoir de me guérir. « Vitamine C ! répétait-il en m'adressant des clins d'œil. Beaucoup dé vitamines ! »

C'est là, un beau matin, alors que je réfléchissais en reniflant au déroulement de mes obsèques sur un transat de la piscine, que le directeur de l'établissement est venu me trouver. « On vous demande au téléphone. »

J'étais abasourdi. J'étais parti sans prévenir qui que ce soit, sans laisser la moindre adresse. Quel était le sombre crétin qui… « Allô ?

— Sirius Bianchi ?

— Ça dépend. C'est pour quoi ?

— Je suis détective privé, monsieur Bianchi. Je voulais… »

J'ai raccroché.

Je tremblais comme une feuille. Je me sentais coupable. De quoi ? À nouveau, le téléphone a sonné. J'ai décroché. « Monsieur Bianchi, ayez au moins la gentillesse de m'écouter une minute, s'il vous plaît. Je n'ai pas l'intention de vous causer le moindre ennui. »

Je l'ai laissé parler. Effectivement, il n'appelait pas pour être désagréable. Il avait retrouvé ma trace grâce à des relevés de carte bancaire. Qui l'employait ? Oh, il ne téléphonait pas pour ça. Il téléphonait parce que l'enquête dont on l'avait chargé l'avait amené à croiser le chemin de mon médecin traitant, et que le médecin en question lui avait communiqué une information de la plus haute importance. « Laissez tomber, ai-je soupiré. Je ne ferai pas de chimio.

— En effet, vous n'en ferez pas.

— Hé, mais de quoi je me mêle, au juste ?

— Vous n'avez pas de cancer, monsieur Bianchi. Vous n'avez rien du tout. Ils ont confondu votre dossier avec celui de quelqu'un d'autre. Un homonyme. C'est lui qui est malade. Vous, vous n'avez même pas une bronchite. Je pensais tout de même que ça vous intéresserait de le savoir. Accessoirement, votre ex-petite amie vous recherche parce qu'elle a accouché et que l'enfant est de vous. Un joli morceau, à ce que j'ai pu voir. Trois kilos sept cents à la naissance. Mais ça, c'est une autre histoire et, bien entendu, vous faites ce que vous voulez. En ce qui me concerne, le travail est terminé. Vous restez longtemps dans cet hôtel ? »

Mes doigts se sont ouverts. Le combiné est tombé, oscillant au bout de son fil.

Voilà, vous savez tout. Le reste n'est pas très passionnant. J'ai reconnu mon fils, mais je ne me suis pas remis avec mon ex-petite amie.

Je suis rentré en Suisse et j'ai retrouvé un travail. Il le fallait bien, pour me racheter un appartement.

La clinique ? Je n'ai même pas porté plainte. L'idée de retourner là-bas et de revoir ces gens me paraissait ridicule. J'ai changé de médecin traitant. J'étais fauché, libre et heureux. Je le suis encore. L'été venu, je pars randonner dans les Alpes. Ça manque de toucans, si vous voulez mon avis, mais la lumière est splendide. Je marche tout seul, je marche des jours durant, je respire. Dans les alpages. Sous les sapins. Sur les glaciers. Je fais attention, notez bien. J'ai un fils, je prends des pauses, j'évite les crevasses.

L'autre Bianchi ? Je n'ai jamais cherché à savoir comment il avait fini. Je préfère ne pas réfléchir à ça. À ce qu'il a ressenti le jour où il a découvert que, contrairement à ce qu'on lui avait affirmé, il était atteint d'un cancer incurable.

Je me plais à penser qu'un miracle lui a permis d'en réchapper. L'expérience montre qu'un miracle est toujours possible. Toujours, et en tous lieux.

Lettre de Martin

Le jour où j'ai appris que les médecins s'étaient trompés dans leur diagnostic, je n'ai pas prononcé un mot : je suis rentré chez moi en longeant le lac et je me suis préparé un café sans sucre, parce qu'on n'a qu'une seule vie. « Et maintenant ? » ai-je pensé. J'avais organisé ce que je pensais être le reste de mon existence en fonction de ma maladie. Je me retrouvais sans projet, sans attache, sans avenir.

J'ai interrogé ma banque en ligne. Tout l'argent que j'avais mis de côté en prévision de mes traitements

– l'argent de mon entreprise, l'héritage de mon père – était désormais débloqué : cela représentait une somme considérable, des opportunités sans fin. Le problème, c'est que je n'avais plus personne avec qui les partager. J'avais consacré les premiers mois de mon soi-disant cancer à faire le vide autour de moi pour épargner à mes amis et à mes proches la douleur de me perdre, et il fallait bien reconnaître que j'avais réussi au-delà de toute espérance.

Attrapant un atlas, j'ai fermé les yeux, fait tourner les pages et pointé un pays au hasard : Colombie.

Très bien. Pourquoi pas ? J'allais visiter tous les pays du monde par ordre alphabétique en commençant par celui-ci.

L'Amérique du Sud, donc. Puis les Comores, le Congo, la Corée du Sud. J'ai fait l'impasse sur la Corée du Nord ; pas sur le Costa Rica.

J'aurais dû me sentir grisé. Je me sentais seulement très triste. En m'abandonnant au futur, mon non-cancer m'avait privé d'une certitude ; mon existence redevenait floue. Des décisions attendaient d'être prises, des gens attendaient d'être rappelés. Ce mur que j'avais érigé autour de ma maladie, j'allais devoir le détruire et m'excuser pour les dégâts causés. J'étais démesurément peu pressé de rentrer en Suisse. Mon téléphone portable était resté éteint pendant plus de quatre mois.

D'un web-café à Abidjan, un matin, j'ai essayé de consulter mes mails. Vainement : ma boîte de réception, piratée, était devenue inutilisable.

Je me suis acheté un sandwich et je suis parti sur la plage de Vidri, bordée de palmiers, pour m'asseoir face au large.

Que faire ?

Je toussais, me sentais fatigué. Mon périple coréen m'avait fait perdre dix kilos, sans parler du Costa Rica. Trois fois, le radiologue m'avait soutenu que je n'avais rien. Il avait agité les clichés thoraciques sous mon nez. « Vous voyez ? Pas la moindre tache. » Le cancer s'était spontanément résorbé. C'était un phénomène rarissime, mais je n'étais pas le premier cas au monde. « Profitez de la vie, mon vieux ! »

Au milieu de l'après-midi, rassemblant mes forces, je me suis levé et je suis parti me tremper les pieds. L'océan était dangereux, à cet endroit. Des gens se noyaient avec une régularité consternante. J'ai médité là-dessus pendant quelques minutes – le destin, la malchance puis je m'en suis retourné.

Le soir même, dans ma chambre d'hôtel, j'ai rechargé la batterie de mon portable et je l'ai rallumé. Un frisson m'a vrillé la nuque. Un frisson de panique. J'avais cent douze messages en absence ! Et une bonne partie des premiers émanait du même numéro.

J'ai interrogé mon répondeur. Le numéro était celui de la clinique de Genève. Il y avait eu une erreur, une erreur « particulièrement regrettable », selon les termes de la secrétaire : une interversion de dossiers. En quelques mots, je n'étais pas tiré d'affaire. J'en étais même assez loin, selon les médecins. Pour dire les choses telles qu'elles étaient, le carcinome du poumon à petites cellules que l'on m'avait d'abord, et à raison, diagnostiqué, avait atteint un stade très avancé. Les options thérapeutiques étaient minces. Elles existaient cependant, la secrétaire tenait à me le certifier. Mais à ce stade, il s'agissait surtout de prolonger l'existence du patient dans les meilleures conditions possibles. Où que je me trouve, je devais entrer en contact avec la clinique au plus vite.

Une trentaine d'autres messages se succédaient. De plus en plus pressants, de plus en plus angoissés. Intercalés avec des appels de proches : « Bon sang, mais à quoi joues-tu ? » Messages tour à tour furieux, implorants, désespérés, messages débordant d'espoir et de compassion, à m'en donner la nausée.

À la fin, j'ai tout effacé. J'étais anéanti, incapable de comprendre ce qui m'arrivait.

Comme vous pouvez l'imaginer, je n'ai pas fermé l'œil de la nuit. Le lendemain matin, je suis reparti à la plage. Le monde était devenu lent et sans attrait. Les voitures s'étaient muées en corbillards. Les gens parlaient mais je ne les entendais pas.

Un avant-goût de la mort.

À la plage, ce jour-là, je suis resté plusieurs heures sans bouger. Puis, comme la veille, j'ai trouvé la force de me relever et j'ai fait quelques pas. Tout devenait évident. La fatigue, les pertes de poids. « Tu ne fais pas une dépression, ai-je pensé. Tu es en train de mourir. »

« Attention ! » Un homme montrait mon pied. J'ai baissé les yeux. Une bouteille dépassait, à moitié enfoncée dans le sable. Je l'ai déterrée. Il y avait un message à l'intérieur, un genre de carte au trésor. L'homme attendait ma réaction. Je me suis contenté de lui sourire et j'ai repris ma route, la bouteille serrée contre moi. Plus tard, à l'abri de ma chambre d'hôtel, et tandis qu'une tempête sans précédent s'abattait sur Abidjan, j'ai été forcé d'admettre que je ne parviendrais pas à l'ouvrir, et je l'ai fracassée contre la rambarde de mon balcon avant de rattraper *in extremis* le papier enroulé que le vent menaçait d'emporter. C'était une sorte de poème simplet, rédigé en français.

J'ai interprété ça comme un signe. Signe de quoi ? Je n'en avais aucune idée. Toute cette histoire était tellement cousue de fil blanc que je ne pouvais me résoudre à la prendre au tragique. J'étais assis sur le bord de mon lit, face à la baie griffée de pluie. Le papier pendait entre mes mains, moucheté de gouttes grotesques.

Je suis rentré chez moi le lendemain. Dans l'avion qui me ramenait à Genève, j'ai fait un rêve sublime.

Mes pieds avaient quitté le sol. Je planais, je planais au-dessus de forêts enchantées, d'immenses plages solitaires, de canyons et de chutes d'eau. Çà et là, des ruines de temples affleuraient, vestiges de cités d'avant le Déluge aux proportions cyclopéennes. Des nuées d'oiseaux multicolores se levaient comme des vents d'été. Au pied des montagnes, les prairies ondoyaient et je filais tel un souffle le long des pentes et des glaciers. Le paysage ressemblait à un patchwork de tout ce que j'avais traversé jusqu'alors, et je faisais partie de lui – je faisais partie du monde.

Loin dans mon esprit, à la périphérie du rêve, flottaient les vers tout simples du poème que j'avais lu et relu en pleurant juste avant de partir. Peut-être n'était-il pas si simplet, finalement. Peut-être que moi seul l'étais.

Une hôtesse m'a réveillé pour me demander si j'avais besoin de quelque chose. « Non merci, ai-je répondu. J'ai tout ce qu'il me faut. »

J'ai retrouvé mon appartement de Genève. La clinique m'avait convoqué dès le lendemain de mon arrivée pour une série d'examens. « Il y en aura pour trois jours », m'avait prévenu la secrétaire.

Je me suis refait un café et, cette fois, j'ai mis deux sucres. J'ai réfléchi un instant puis j'ai repris mon atlas. Le lendemain, je n'ai pas fait sonner mon réveil, et je ne suis pas allé à la clinique. Ils m'ont appelé, mais je n'ai pas répondu.

J'ai changé de numéro. J'ai changé d'adresse. J'ai fini par changer de pays.

Je vous écris cette lettre de La Havane, où mon courrier continue de me suivre et où je suis dorénavant installé.

Cuba était deuxième sur la liste après la Croatie, et j'ai sauté la Croatie. Faire le tour du monde ne m'intéresse plus. Je suis bien là où je suis. Mon cancer ? Il faudrait poser la question à mes médecins. Ça non plus, ça ne m'intéresse plus. Je suis vivant et, me semble-t-il, dans un état de santé plus qu'acceptable. Fumer des cigares, boire un verre de rhum : je me l'autorise. De loin en loin, je fais encore ce rêve, où je vole et je voyage. Pour moi, c'est une bénédiction. Le reste, au fond, importe peu.

Une seule chose m'ennuie : à cause de moi, indirectement, un homme a cru à tort qu'il allait mourir.

Enfin, à tort… Tout n'est qu'une question de temps, pas vrai ?

Moi, j'ai cru que j'allais vivre et je suis toujours ici. Lorsque j'étais petit, ma mère m'appelait saint Thomas. « Heureux ceux qui croient sans voir », me répétait-elle à l'envi. Oui, mais ce que je vois, moi, c'est le monde, et j'ai besoin de ça pour croire. Chacun son truc. Tant que je le pourrai, je garderai les yeux ouverts.

Portrait de l'artiste en homme banal

Il vit à Nootdorp à présent, une commune des Pays-Bas sans histoire qui a fusionné en 2002 avec celle de Pijnacker pour former Pijnacker-Nootdorp, si une telle chose est possible. Nootdorp est un endroit dénué d'aspérités, avec des arbres et une école et des commerces. Les surprises y sont rares. Caspar Maes, qui vient de fêter ses quarante ans, s'y sent comme un poisson dans l'eau. Il raconte son anniversaire : « Nous avons organisé une petite fête entre amis. Invité trois couples de voisins, avec enfants. Il pleuvait, hélas. J'ai eu des cadeaux. Nous avons bien mangé. Quelques plaisanteries ont fusé, et ma femme a ouvert un album photo. Moi au travail. Moi dans le jardin, passant la tondeuse. Nous en vacances en Égypte, devant les pyramides. Nos invités sont partis à neuf heures car tout le monde travaillait le lendemain. Sauf un ami qui est au chômage. »

Mon hôte marque une pause et reste pensif, comme s'il venait de me livrer une série d'informations essentielles. Puis il porte sa bière à ses lèvres (il a commandé la plus commune). Je l'observe à la dérobée. Costume standard, chemise normale, correctement rasé. Depuis trois ans maintenant, Caspar Maes est l'homme le plus banal du monde.

« Personne ne vient vous embêter ?

— Non.

— Personne ne fait le rapprochement avec le livre ?

— Je ne vois pas comment cela pourrait arriver : l'ouvrage en question est sorti il y a cinq ans, il n'a jamais été traduit ni réédité, son auteur est mort, et j'ai pris soin de changer de nom. Rien de personnel, mais il faut véritablement être dérangé pour perdre son temps à des vétilles pareilles. Seriez-vous dérangé ?

— On le dit. »

Nous rions de conserve. Je suis malade, oui, mais pas comme il le croit, et l'argent qui me reste va bientôt être versé sur le compte d'une clinique de soins palliatifs. Baste ! Je n'ai pas envie de penser à cela aujourd'hui.

Le livre que nous venons d'évoquer, paru seulement en Angleterre, a pour titre *In-cre-di-ble !* * Je l'ai déniché il y a six mois pour une bouchée de pain dans une solderie londonienne, et c'est lui qui m'a permis de retrouver la trace de Caspar Maes, ex-Johan Belvisée-Pouchkine, l'homme à la vie la plus improbable et la plus fantastiquement mouvementée que l'on puisse imaginer. Son auteur, un certain Renuald Baker, est mort dans un accident de grande roue quelques semaines après sa publication. « Sur le moment, se souvient Caspar,

* *In-cro-ya-ble !*

je n'ai pas été surpris le moins du monde : il m'en aurait fallu plus. Renuald était venu prendre du bon temps en Allemagne. Une nacelle s'est détachée suite à une tempête. On m'a signalé le drame. J'y ai à peine prêté attention. J'avais d'autres soucis, à l'époque : une maladie orpheline à régression spontanée causant d'insupportables cauchemars ; les championnats du monde du plus gros mangeur de melons, entachés d'une tentative de corruption ; un procès contre les scénaristes de *Shrek* qui, d'après les informations recueillies lors d'une séance de spiritisme organisée à neuf mille mètres d'altitude, avaient plagié mon défunt oncle sans le moindre scrupule ; et trois ou quatre personnes chargées par erreur de m'assassiner. »

Caspar Maes est aujourd'hui agent immobilier. Son épouse, m'apprend-il, exerce la profession d'institutrice. Dernière recension en date : deux enfants, un pavillon, un chat, un crédit sur quinze ans. Le dimanche, Caspar déjeune chez ses beaux-parents, qui habitent à une dizaine de kilomètres. Le samedi matin, il joue au tennis avec des collègues de bureau. Pour leurs vacances, les Maes partent avec le comité d'entreprise. Ils sont déjà allés à Venise (une fois), et en Afrique (deux fois). Pour l'année prochaine, ils ont prévu de se rendre en Thaïlande. « Je limite l'éventail de choix au maximum, m'explique mon hôte. J'étudie la tendance du jour, et je la suis. Je me rends chez le dentiste deux fois par an, contrôle plus détartrage. Je m'efforce de manger bio, je pratique le jogging mais pas assez à mon goût, je souffre d'un léger surpoids et je suis inscrit dans une agence locale de défense du patrimoine. Vous voulez savoir autre chose ? »

Je lui rends son sourire. Grâce au livre et aux renseignements que je suis parvenu à glaner par ailleurs, les trente-sept premières années de la vie de cet homme me sont presque aussi familières que si je les avais vécues moi-même. Il faut dire qu'elles feraient passer n'importe quel roman d'aventures trépidant pour un ennuyeux catalogue d'articles de jardinage.

Johan Belvisée-Pouchkine ignore comment il est né. Tout ce qu'il sait, c'est qu'à l'âge de deux semaines, il a subi une chute de deux cent cinquante mètres dans l'un des conduits d'aération de la Sears Tower à Chicago, laquelle se trouvait alors en construction et s'apprêtait à devenir le plus haut gratte-ciel du monde.

Pourquoi Johan est-il tombé ? Parce que son père, le pseudo-fakir Omkar Prajesh, poursuivi par des agents de la CIA *et* par un cul-de-jatte cracheur de feu (en vérité, son demi-frère), a pris la décision de le laisser choir par le conduit en question pour le soustraire aux mains avides de ses ennemis. Pourquoi Johan a-t-il survécu ? Parce que ce même père connaissait comme sa poche les plans de la Sears Tower, à l'élaboration desquels il avait largement contribué, et parce qu'il savait qu'une montagne de laine de verre propre à amortir la chute attendait son fils deux cent cinquante mètres en contrebas. La conclusion de cette histoire, Johan ne l'a apprise que treize ans plus tard aux urgences, lorsqu'une terrible crise de colique néphrétique, et une opération subséquente, ont établi qu'il avait ingéré, à son insu, un diamant de 44,52 carats plus connu sous le nom de Hope – pierre censément maudite dont le double factice se trouve aujourd'hui à la Smithsonian Institution de Washington.

Johan Belvisée-Pouchkine passe ses années d'enfance dans une famille adoptive de montreurs de monstres qui parcourt les États-Unis en caravane. Auteur d'un poème palindromique sur la guerre de Corée, son père possède quatre bras et parle plus de deux cents langues. Sa mère ? Une funambule athée qui a vu la Vierge au-dessus de Bryce Canyon dans les années soixante et qui, à la mort de son époux, se fiance clandestinement avec un acteur célèbre avant de mettre fin à ses jours sur scène (pour une raison à ce jour non élucidée), alors qu'elle incarnait la Dorothy du *Magicien d'Oz* dans une pièce en ombres chinoises.

Peu de temps après que ses entrailles ont libéré le diamant, Johan est contacté par plusieurs membres de sa famille, des frères manifestement, disséminés au petit bonheur à la surface du globe. Renseignements pris, il apprend qu'il est l'aîné d'une famille de vingt-sept enfants, délivrés en trois portées par une génitrice unique, descendante du poète Pouchkine. C'est à cette occasion qu'il découvre son vrai nom, et que le passé de simili-fakir de son père (lequel aurait par la suite élu domicile, après une fuite en dirigeable publicitaire, au cœur d'une forêt péruvienne) lui est révélé par le menu.

Johan décide alors de mettre sa famille à l'abri. Grâce à la revente du diamant – dont la valeur est estimée à trois cent cinquante millions de dollars –, il achète l'île de Folégandros dans les Cyclades pour y installer les siens. S'ensuivent quelques années relativement paisibles, durant lesquelles il enseigne le cricket à des mannequins, dompte le canard le plus gros du monde, exhume trois manuscrits inédits de Rudyard Kipling enterrés au Soudan, et est élu citoyen d'honneur de Varsovie.

Le jour de ses dix-huit ans, l'aîné des Belvisée-Pouchkine apprend que sa mère de sang, détenue dans les souterrains d'un palais de Saint-Pétersbourg, et persuadée que tous ses fils ont perdu la vie dans un accident d'hovercraft, a été enlevée par la mafia russe suite à un malheureux quiproquo impliquant un service d'espions alcooliques et un boucher serial-killer armé d'une paire de couteaux à viande. Au terme d'irritantes péripéties, enregistrées par une chaîne finlandaise culturelle, et dont le réalisateur Nikita Mikhalkov s'efforcera par la suite de faire un film, la mère de Johan est ramenée dans les Cyclades où elle décède quelques mois plus tard en avalant un frelon caché dans un sorbet à la mangue. Dévasté, Johan part faire le tour du monde à la voile (on ne sait pas grand-chose de cet épisode, si ce n'est que le jeune homme y perd ses cheveux, quinze kilos et une bonne partie de ses illusions romantiques), se lie d'amitié avec une tribu de cannibales, lui échappe de justesse le jour où, le croyant mort, elle décide d'ingérer son cœur, et convole à son retour avec une femme à barbe prénommée Francesca, dont les mensurations à couper le souffle excitent la convoitise de la presse people américaine, surtout après que son jeune époux est parvenu à mettre au point, à son intention exclusive, le premier système breveté mondial de retouche photographique.

Le couple coule trois semaines heureuses dans une villa à Miami avant que Francesca se fasse dévorer par un alligator aveugle dans un parc des Everglades. Johan Belvisée, qui s'était absenté pour répondre à un besoin naturel, maîtrise l'animal à mains nues, le fait empailler, et devient à ses côtés la vedette ventriloque d'un one-man-show télévisé, lequel, il ne le réalisera que plusieurs années plus tard, ne sera jamais diffusé. Dans l'intervalle, il s'attelle à la rédaction d'un livre-somme de trois mille pages sur les caprices du hasard, censé permettre au lecteur, une fois rempli un questionnaire personnalisé, de prédire son avenir financier, sentimental et médical avec un taux de fiabilité de l'ordre de soixante-dix pour cent. Suite à des entretiens avec l'armée américaine, il prétend à trois reprises avoir été victime d'enlèvement par des extraterrestres puis revient en Europe, à Amsterdam, et se consacre à la culture d'orchidées carnivores.

Dix ans après la mort de sa femme, il découvre que lui et ses frères possèdent ce qu'il faut bien appeler un « jumeau immatériel » logé sous l'écorce terrestre, qui leur susurre en rêve le nom de tous les futurs présidents de la planète et leur communique des prévisions boursières si systématiquement erronées qu'en en prenant l'exact contre-pied, la plupart d'entre eux deviennent millionnaires en quelques jours. Fan invétéré d'une obscure comédie télévisée chilienne, dont ses congénères, sous peine de malédiction, doivent lui résumer un épisode toutes les semaines au sommet de leur île, le frère astral disparaît le jour de sa dernière diffusion.

C'est le moment que Johan choisit pour procéder à une tentative de suicide par ingestion de quatre litres de café Maragogype. Privé de sommeil huit jours durant, il est victime d'hallucinations sévères, discute, selon toute vraisemblance, avec une araignée géante mâle du nom d'Aristote, et entre brièvement dans le *Livre des records* pour avoir édifié la plus haute tour en balles de ping-pong du monde.

Un opéra est tiré de son existence. Quelqu'un (un chanteur de funk bien connu ? l'un des fondateurs de la Communauté européenne ? son propre père ?) paie pour que le spectacle ne soit pas monté, et il ne l'est pas. L'année suivante, neuf de ses frères épousent en secret des ombres/fantômes disséminées au sein de plusieurs églises praguoises ; neuf autres, victimes d'une croissance anormale et tardive associée à ce qu'un médecin décrit comme une « pigmentation virale spontanée », intègrent des équipes de basket américaines au niveau professionnel. Les huit derniers, purement et simplement, disparaissent.

Les années passent. « Un jour, raconte le livre, Johan, revenu à Amsterdam pour y régler certaines affaires liées à la succession de son père, demeure sans bouger huit heures durant devant *Les Tournesols* de Van Gogh exposés au musée du même nom, et ne sort de sa torpeur que lorsque le gardien, un gaillard bienveillant mais très à cheval sur les horaires, lui secoue l'épaule avec la fermeté d'usage. »

Sortant du musée, le jeune homme, qui vient de (ne pas) fêter son trente-septième anniversaire, rejoint son hôtel sans accident de taxi.

Le lendemain matin, au petit déjeuner, il rencontre celle qui deviendra sa femme. Son humeur est excellente : une fois n'est pas coutume, aucun incendie, aucun coup d'État, aucune chute de comète n'a perturbé son sommeil. Il ne s'étouffe pas avec son croissant ; ne résout pas une énigme mathématique vieille de trois siècles ; n'est pas victime d'une tentative ratée d'assassinat visant le sosie du dalaï-lama ; n'est pas entraîné dans les profondeurs du canal de la mer du Nord par quelque ondine holographique. À la place, ainsi qu'ils en sont convenus, il retrouve sa future femme à Rotterdam, la demande en mariage, trouve un travail dans une agence immobilière, achète une maison et devient papa une première fois.

Sur l'épiphanie du musée Van Gogh, sur le singulier prodige qui transforme Johan Belvisée-Pouchkine en Caspar Maes et le dépouille, en l'espace de quelques heures, de toute la folie, la bizarrerie et la démesure qui l'habitaient, *In-cre-di-ble !* se cantonne à une réserve de principe. L'histoire s'achève en eau de boudin. Notre héros, qui aura parcouru l'équivalent de la distance

Terre-Lune par tous les moyens de transport imaginables, connu trois fois le coma et deux fois le mariage, vécu des aventures propres à faire passer celles de Don Quichotte pour une animation de service gériatrique, devient un citoyen d'une banalité désespérante.

Ses trains partent à l'heure. Son plan de retraite est en ordre. Il aime les Beatles, les frites fraîches, les thrillers à succès. Notre entrevue ne m'apprendra rien de plus. « J'apprécie Van Gogh, avance Caspar lorsque je l'interroge sur l'épisode du musée. Comme beaucoup de monde, non ? »

Gerda Maes, l'épouse de Caspar que je rencontre sur ses conseils, se révèle plus ennuyeuse encore que lui – un exploit renversant.

Elle me reçoit dans son salon. Sur le buffet, des assiettes en porcelaine héritées de sa mère. Le passé de son mari ? Elle ne s'en est jamais préoccupée ; n'y croit pas réellement. Le livre qui lui est consacré ? Un tissu de foutaises, à n'en pas douter. Elle ne l'a pas lu, mais pourquoi le ferait-elle ? « Nous aspirons à une vie normale, se plaît-elle à répéter. Nous aimons le calme et les programmes bien établis. »

Mes dernières questions meurent sur mes lèvres. Brusquement, je me sens mal à l'aise : un chercheur d'or survolté, battant des bras au milieu d'un magasin de chaussures.

Il est temps de prendre congé. Avant de partir, debout dans la cuisine où Gerda vient de me servir un verre d'eau minérale, je jette un œil au calendrier mural perpétuel. Au feutre rouge, une date a été entourée : jeudi 12 décembre 2047. « Où avez-vous trouvé ça ? » La jeune femme reprend mon verre. « Joli, non ? Dans une brocante. Il a été fabriqué par un amateur de science-fiction.

— Et cette date entourée ? »

La jeune femme regagne le salon sans me répondre. Je lui emboîte le pas. « Serait-ce le jour présumé de sa mort ? » Les dates correspondent, pas besoin d'être sorcier : l'illumination devant la toile de Van Gogh est située à l'exact mitan de la vie de Caspar. D'un côté, le délire dionysiaque. De l'autre, la parfaite normalité.

Gerda se retourne. « Vous êtes un peu trop malin pour votre propre bien. »

S'agit-il d'un compliment dans sa bouche ? Elle me raccompagne à la porte. Me recommande de garder ce que je sais pour moi ou, au minimum, de changer les noms (ce que je promets de faire). Je m'apprête à partir ; elle me retient par le bras. Oui, avoue-t-elle, j'ai vu juste, son mari a calculé la date précise de sa disparition. Hélas ! Il ne se trompe jamais. « Ses collègues pourront vous le confirmer, croit-elle utile d'ajouter : c'est un homme sur lequel on peut compter. » Elle secoue la tête ensuite, marmonne quelques paroles au sujet de ses propres erreurs, de son sentimentalisme de fillette. Ses yeux sont brillants.

« 2047, dis-je, c'est encore très loin. Vous devriez jeter ce calendrier et ne plus penser à ça. »

Je lui tends un mouchoir, qu'elle accepte avec reconnaissance. Tamponnant ses paupières, elle se force à me sourire. « Merci, murmure-t-elle. Je me sens si seule, parfois et… Seigneur. Cette scène est d'une banalité consternante, vous ne trouvez pas ?

— Non », dis-je.

Et la porte se referme sur moi.

Épilogue

Lorsque j'ai eu, comme vous, terminé la lecture de ce livre, ma première réaction a été de joindre mon éditeur. D'une certaine façon, j'obéissais à l'injonction du poète. Les mots m'avaient plu : je voulais que d'autres les lisent.

Le jour même, j'ai posté le manuscrit, puis j'ai appelé l'hôpital pour prendre un nouveau rendez-vous avec mon ami. Il fallait absolument que je lui dise ce que j'avais pensé de ses histoires. Que je le remercie.

Au téléphone, le timbre de la standardiste sonnait faux. Elle m'a passé le médecin sans tarder. L'homme s'est éclairci la voix. « Je suis heureux que vous nous contactiez, cher monsieur. J'escomptais vous appeler de mon côté mais je n'avais pas votre numéro. Vous n'êtes pas de la famille, n'est-ce pas ? »

J'ai avalé ma salive. « Quel est le problème ?

– Votre ami est dans le coma.

– Quoi ?

— Je suis désolé. Son état s'est subitement dégradé hier. Il est maintenu en respiration artificielle et nous ne sommes pas sûrs…

— Puis-je passer le voir ? »

Il y a eu un blanc à l'autre bout du fil, suivi d'un soupir. « Je ne pense pas que ça pourra lui faire de mal. Mais ne vous bercez pas d'illusions. Il est peu probable qu'il vous entende ou qu'il sente votre présence. On raconte beaucoup d'histoires sur les gens dans le coma. Ce que je veux vous dire, c'est…

— J'ai compris. »

J'ai raccroché et j'ai empoigné ma veste. Une heure plus tard, je me tenais à ses côtés. Il dormait, je ne vois pas comment exprimer cela autrement. Son visage était apaisé ; il savait sa mission accomplie. *Il est peu probable qu'il vous entende…* J'ai pris sa main dans la mienne et je l'ai tapotée doucement. « C'est un beau livre que tu as écrit, tu sais. Je crois que tu peux dormir tranquille. »

J'ai repensé à Cayetano Lascaray, allongé dans son lit de Las Galletas. J'ai repensé à Allison et à Jeffrey. Je revoyais des fenêtres ouvertes sur la mer, sur le monde, sur le rêve. Une question me taraudait.

Je suis revenu le lendemain, et le jour d'après, et le jour d'après encore, qui était un dimanche. Plusieurs fois, j'ai essayé de rencontrer le médecin avec qui j'avais discuté. « Pas disponible », me répondait-on systématiquement. Et pour cause : il s'était rendu à un congrès.

Le lundi matin, enfin, j'ai réussi à l'intercepter. Il n'avait guère de temps à me consacrer, mais je lui ai fait comprendre que je ne le laisserais pas en paix tant qu'il ne m'aurait pas accordé cinq minutes. Il m'a fait entrer dans son bureau.

« Je vous écoute. »

Une pile de courrier s'était amoncelée pendant son absence. Il a déchiré les premières enveloppes. Je me suis lancé :

« C'est à propos de mon ami. Cela va vous paraître curieux mais… Il prétend qu'il a voyagé, avant de venir ici, qu'il a fait le tour du monde. Est-ce que… Est-ce que vous savez si c'est vrai ? »

Le médecin a laissé tomber une enveloppe sur sa table. Il me dévisageait avec curiosité. « Vos relations sont pour le moins atypiques, non ? »

J'ai eu un geste évasif. « Vous avez raison : je ne le connais pas si bien que ça. Disons même que certains aspects de son existence me sont totalement étrangers. Je me sens perdu, pour tout vous avouer. »

L'homme m'a servi deux ou trois banalités d'usage, puis il a repoussé sa chaise. « Il affirme qu'il a fait le tour du monde ? »

J'ai opiné, avant de me lever moi aussi. Cinq minutes, hein ? Il me tenait la porte ouverte. « Vous pouvez le croire, m'a-t-il glissé en guise d'au revoir. Ça ne fera de mal à personne. »

Le jour suivant, une course importante m'empêchait de me rendre à l'hôpital. Je me suis promis d'y faire un saut dès le lendemain. Le poète ne m'en a pas laissé le loisir. Au milieu de l'après-midi, le médecin a téléphoné pour m'avertir qu'il était mort : après avoir, très brièvement, repris connaissance.

Je lui ai demandé s'il avait eu le temps de prononcer quelques paroles. Silence méditatif à l'autre bout de la ligne. « L'infirmière qui est venue me chercher m'a dit que non. Elle m'a dit qu'il avait souri, et c'est tout. Le temps que nous arrivions, le cœur s'était arrêté. »

Un quart d'heure plus tard, mon éditeur m'appelait à son tour pour m'annoncer que le livre était accepté. J'ai à peine trouvé la force de le remercier.

Dans la vitrine d'un magasin, un reflet brouillé me contemplait. Mes joues étaient mouillées de larmes. Joie, ou tristesse ? La distinction n'était plus fondamentale.

J'ai repris mon chemin, comme nous le faisons tous. Une feuille d'automne s'est posée à mes pieds. J'ai levé la tête, clignant des yeux vers le soleil. Je me sentais empli de reconnaissance. Envers qui, envers quoi ? Les mots, pour une fois, me manquaient.

Table

Composition et mise en page

NORD COMPO
multimédia

N° d'édition : L.01EJEN000331.A002
Dépôt légal : octobre 2010